묻지 말고,
따지지 말고,
무조건 외워야 할

영어표현 암기노트

지니쌤 지음

지니의 영어방송국

한번 등록, 평생 무료 - 지니의 영어방송국 평생회원

기초영어부터 영어회화, 원서읽기까지 - 영어의 모든 것
딱! 한번 결제로 지니쌤 1,000개 동영상 강의 평생 무료!

네이버 카페 지니의 영어방송국
www.joyclass.co.kr

이 책의 학습 방법

<묻지 말고, 따지지 말고, 무조건 외워야 할 영어표현 암기노트>는 한국의 영어학습자라면 꼭 알아야 할 패턴표현 360개, 회화표현 360개, 총 720개 영어표현을 담고 있는 영어회화 책입니다.

" 이 책은 꼭 이렇게 공부하시길 권해드립니다. "

1. 최소 5번 이상 반복해서 보세요

영어회화를 잘하기 위해서는 말하고자하는 표현을 떠올리면 무조건 0.1초 안에 입에서 나올 수 있도록 훈련하는 것이 중요합니다.
교재 본문에 있는 5개의 암기체크 박스를 모두 채울 때까지 반복해서 암기하세요.

2. 지니쌤 동영상 강의를 보세요

네이버 카페 지니의 영어방송국에서는 저렴한 비용으로 지니쌤의 1,000개 동영상을 수강하실 수 있습니다.
지니쌤의 생생하고 재미있는 강의는 책 속 720개 영어표현을 완벽하게 내 것으로 만드는데 큰 도움이 되실 겁니다.

3. 휴대폰 암기카드 앱을 활용하세요

휴대폰 앱스토어에서 '지니의 영어방송국'으로 검색하시고, 지니의 영어방송국 암기카드 앱을 다운로드 받으세요.
그리고 자투리 시간을 활용해서 교재에서 익힌 내용을 복습해 보세요.

Part I 회화 패턴 편

Chapter 01 초보 패턴   06
Chapter 02 기초 패턴   26
Chapter 03 의문문 패턴   46
Chapter 04 의문사 의문문 패턴 01   66
Chapter 05 의문사 의문문 패턴 02   86
Chapter 06 필수 패턴   106

하와이 와이키키 / 진혜정 작가

이 책의 목차

Part II 회화 표현 편

Chapter 07 관용 표현   126
Chapter 08 필수 표현   146
Chapter 09 감정 표현   166
Chapter 10 여행 표현   186
Chapter 11 주제 표현   206
Chapter 12 부사 표현   226

하와이 파인애플 농장 / 진혜정 작가

Chapter 01 초보 패턴

001 암기체크 ① ② ③ ④ ⑤
콜라로 부탁합니다.

002 암기체크 ① ② ③ ④ ⑤
소고기로 부탁합니다.

003 암기체크 ① ② ③ ④ ⑤
음식 포장 박스 좀 부탁합니다.

004 암기체크 ① ② ③ ④ ⑤
얼음 넣어주세요.

005 암기체크 ① ② ③ ④ ⑤
저 혼자예요.

006 암기체크 ① ② ③ ④ ⑤
그냥 궁금해서요.

표현 001 - 006

Coke, please.

...., please.는 '~로 부탁해요'의 뜻이에요. '콜라'를 뜻하는 Coke의 발음은 /콕/이 아니라 /코우ㅋ/에 가까워요.

Beef, please.

Beef or chicken? 소고기로 드릴까요, 닭고기로 드릴까요? - Beef, please. 소고기로 부탁합니다.

To-go box, please.

to-go box는 남은 음식을 싸가기 위한 포장 박스를 말해요.

With ice, please.

얼음을 빼고 달라고 할 때는 Without ice. 또는 No ice.를 써요. / No ice, please. 얼음 빼고 주세요.

Just me.

just는 '그저, 단지'의 뜻이에요. / How many in your party? 일행이 몇 분이세요? - Just me. 저 혼자예요. / We're four. 저희는 4명이에요.

Just curious.

Why do you ask? 왜 물어보세요? - Just curious. 그냥 궁금해서요.

Chapter 01 초보 패턴

007 암기체크 ✓ ① ② ③ ④ ⑤

그냥요.

008 암기체크 ✓ ① ② ③ ④ ⑤

그냥 농담이에요.

009 암기체크 ✓ ① ② ③ ④ ⑤

나쁘지 않아요.

010 암기체크 ✓ ① ② ③ ④ ⑤

아직요.

011 암기체크 ✓ ① ② ③ ④ ⑤

별로요.

012 암기체크 ✓ ① ② ③ ④ ⑤

전혀요.

표현 007-012

Just because.

Just because.는 어떤 행동에 대해 특별한 이유가 없을 때 써요. / Why did you do that? 왜 그랬어요? - Just because. 그냥요.

Just kidding.

kid는 동사로 '농담하다'의 뜻이에요. / Why did you say that? 왜 그렇게 말했어요? - Just kidding. 그냥 농담이에요.

Not bad.

How's the weather today? 오늘 날씨 어때요? - Not bad. 나쁘지 않아요.

Not yet.

yet은 '아직'의 뜻이에요. / Are you ready to go? 갈 준비됐나요? - Not yet. 아직요.

Not really.

Not really.는 No. 대신 쓸 수 있어요. / Do you like spicy food? 매운 음식 좋아하세요? - Not really. 별로요.

Not at all.

Not at all.은 '강한 부정'을 나타내요. / Did I bother you? 제가 당신을 귀찮게 했나요? - Not at all. 전혀요.

Chapter 01 초보 패턴

암기체크 ✓ ① ② ③ ④ ⑤

즐거운 시간 되세요!

암기체크 ✓ ① ② ③ ④ ⑤

잠깐만 기다려 주세요.

암기체크 ✓ ① ② ③ ④ ⑤

옷 따뜻하게 입으세요.

암기체크 ✓ ① ② ③ ④ ⑤

앉으세요.

암기체크 ✓ ① ② ③ ④ ⑤

늦지 마세요.

암기체크 ✓ ① ② ③ ④ ⑤

아침을 거르지 마세요.

표현 013-018

Enjoy!

I'm going on vacation tomorrow. 내일 휴가가요. - Enjoy! 즐거운 시간 되세요!

Hold on.

Hold on.과 비슷한 뜻의 표현으로 Hang on., Wait a minute., Just a moment. 등이 있어요.

Bundle up.

Bundle up.은 옷을 따뜻하게 여러 벌 껴입으라고 할 때 써요. / It's freezing outside. Bundle up. 밖이 엄청 추워요. 옷 따뜻하게 입으세요.

Have a seat.

Is this seat taken? 이 자리 누가 앉았나요? - Not at all. Have a seat. 아뇨. 앉으세요.

Don't be late.

'Don't + 동사원형'은 '~하지 마세요'의 뜻이에요. '늦다'는 late가 아니라 be late이기 때문에 Don't late.라고 하면 틀린 표현이에요.

Don't skip breakfast.

skip은 '(식사 등을) 거르다'의 뜻이에요. / Don't skip breakfast. It's important for your day. 아침을 거르지 마세요. 당신의 하루를 위해 중요해요.

Chapter 01 초보 패턴

019 암기체크 ① ② ③ ④ ⑤

그런 걱정 마세요.

020 암기체크 ① ② ③ ④ ⑤

너무 무리하지 마세요.

021 암기체크 ① ② ③ ④ ⑤

오후 2시 30분이에요.

022 암기체크 ① ② ③ ④ ⑤

이 방은 덥네요.

023 암기체크 ① ② ③ ④ ⑤

밖에 눈이 내려요.

024 암기체크 ① ② ③ ④ ⑤

여기서 멀어요.

표현 019-024

019 Don't worry about it.

상대방에게 신경쓰지 않아도 된다고 할 때 쓰는 표현이에요. / I'm sorry. 미안해요. - Don't worry about it. 그런 걱정 마세요.

020 Don't work too hard.

영어로는 '수고하세요.'란 말 대신 Don't work too hard.를 주로 써요.

021 It's 2:30 p.m.

시간, 요일, 날씨, 기온, 거리 등을 표현할 때 it을 주어로 써요. 이때 it은 해석하지 않아요. / What time is the meeting? 회의가 몇 시죠? - It's 2:30 p.m. 오후 2시 30분이에요.

022 It's hot in this room.

Could you open a window? It's hot in this room. 창문 좀 열어주시겠어요? 이 방은 덥네요.

023 It's snowing outside.

snow는 명사로는 '눈', 동사로는 '눈이 내리다'의 뜻이에요. / Bundle up. It's snowing outside. 옷 따뜻하게 입으세요. 밖에 눈이 내려요.

024 It's a long way from here.

'(거리가) 먼'의 뜻으로 far 대신 a long way를 쓰기도 해요. / How far is the beach from here? 여기서 해변이 먼가요? - It's a long way from here. 여기서 멀어요.

Chapter 01 초보 패턴

025   암기체크 ✓ ① ② ③ ④ ⑤

놀랍네요.

026   암기체크 ✓ ① ② ③ ④ ⑤

잘됐네요.

027   암기체크 ✓ ① ② ③ ④ ⑤

괜찮아요.

028   암기체크 ✓ ① ② ③ ④ ⑤

끔찍하네요.

029   암기체크 ✓ ① ② ③ ④ ⑤

저는 요리사예요.

030   암기체크 ✓ ① ② ③ ④ ⑤

저는 치과의사예요.

표현 025-030

That's amazing.

amazing은 '놀라운'의 뜻이에요. / I started my business. 사업을 시작했어요. - That's amazing. 놀랍네요.

That's great.

I passed my driving test. 운전면허 시험에 합격했어요. - That's great. 잘됐네요.

That's okay.

I spilled some coffee. 커피를 엎질렀어요. - That's okay. 괜찮아요.

That's terrible.

terrible은 '끔찍한, 형편없는'의 뜻이에요. / I lost my phone. 휴대폰을 잃어버렸어요. - That's terrible. 끔찍하네요.

I'm a cook.

'요리사'는 cooker가 아니라 cook이에요. cooker는 솥이나 냄비같은 '요리기구'를 뜻해요. / What do you do? 무슨 일 하세요? - I'm a cook. 저는 요리사예요.

I'm a dentist.

dentist에서 dent-는 '치아', -ist는 '사람'을 가리켜요.

Chapter 01 초보 패턴

031 암기체크 ① ② ③ ④ ⑤

저는 미용사예요.

032 암기체크 ① ② ③ ④ ⑤

저는 주부예요.

033 암기체크 ① ② ③ ④ ⑤

배불러요.

034 암기체크 ① ② ③ ④ ⑤

바빠요.

035 암기체크 ① ② ③ ④ ⑤

결혼했어요.

036 암기체크 ① ② ③ ④ ⑤

한국인이에요.

표현 031-036

031 I'm a hairdresser.

'미용사'는 hairdresser 또는 hairstylist를, '이발사'는 barber를 써요.

032 I'm a homemaker.

'주부'를 housewife란 말 대신 요즘은 homemaker나 stay-at-home parent를 자주 써요.

033 I'm full.

'I'm + 형용사'는 '나는 ~한 상태이다'의 뜻이에요. I'm 나는 ~이다 + full 배부른 → 나는 배부른 (상태)이다 → 나는 배부르다.

034 I'm busy.

I'm 나는 ~이다 + busy 바쁜 → 나는 바쁜 (상태)이다. → 나는 바쁘다.

035 I'm married.

be married는 '결혼한 (상태)이다'로 '기혼자'를 가리켜요. '미혼'은 single을 써요. / I'm single. 저는 미혼이에요.

036 I'm Korean.

I'm Korean. 또는 I'm a Korean.은 모두 맞는 표현이지만, 회화체에서는 I'm Korean.을 더 쓰는 편이에요.

Chapter 01 초보 패턴

037 정말 행복해요.

038 정말 슬퍼요.

039 정말 지루해요.

040 정말 궁금해요.

041 잘 모르겠어요.

042 걱정 안 해요.

표현 037-042

I'm so happy.

so는 '정말, 매우, 아주'의 뜻으로 very나 really처럼 '정도'를 강조할 때 써요.

I'm so sad.

What's the matter? 무슨 일 있어요? - I'm so sad. I lost my job. 정말 슬퍼요. 실직했어요.

I'm so bored.

bored는 '지루한'의 뜻이에요. / I'm so bored. I have nothing to do. 정말 지루해요. 할 게 없어요.

I'm so curious.

curious는 '궁금한'의 뜻이에요. / What's that over there? I'm so curious. 저기 있는 게 뭐죠? 정말 궁금해요.

I'm not sure.

sure는 '확실히 아는'의 뜻이에요. / Are you coming to the party tonight? 오늘 밤 파티에 오세요? - I'm not sure. 잘 모르겠어요.

I'm not worried.

worried는 '걱정하는'의 뜻이에요. / I'm not worried. Everything will be fine. 걱정 안 해요. 모든 게 잘 될 거예요.

Chapter 01 초보 패턴

043   암기체크 ✓ ① ② ③ ④ ⑤

관심 없어요.

044   암기체크 ✓ ① ② ③ ④ ⑤

편하지 않아요.

045   암기체크 ✓ ① ② ③ ④ ⑤

좀 피곤해요.

046   암기체크 ✓ ① ② ③ ④ ⑤

좀 춥네요.

047   암기체크 ✓ ① ② ③ ④ ⑤

배가 좀 고파요.

048   암기체크 ✓ ① ② ③ ④ ⑤

좀 졸려요.

표현 043-048

I'm not interested.

interested는 '관심 있는'의 뜻이에요. / I'll pass. I'm not interested. 저는 빠질래요. 관심 없어요.

I'm not comfortable.

comfortable은 '편안한'의 뜻이에요. / Can we change the topic? I'm not comfortable. 주제 좀 바꿀 수 있을까요? 편하지 않아요.

I'm a little tired.

'좀'의 뜻으로 a little, a little bit, kind of 등을 써요. / I'm a little tired. = I'm a little bit tired. = I'm kind of tired. 좀 피곤해요.

I'm a little cold.

Should I turn up the heating? 난방을 높일까요? - Yes, please. I'm a little cold. 네, 그래주세요. 좀 춥네요.

I'm a little hungry.

Are you feeling hungry? 배 고파요? - Yes, I'm a little hungry. 네, 배가 좀 고파요.

I'm a little sleepy.

Do you want to take a nap? 낮잠 자고 싶어요? - Yes, I'm a little sleepy. 네, 좀 졸려요.

Chapter 01 초보 패턴

049
사랑에 빠졌어요.

암기체크 ① ② ③ ④ ⑤

050
문제가 생겼어요.

암기체크 ① ② ③ ④ ⑤

051
급해요.

암기체크 ① ② ③ ④ ⑤

052
기분이 좋아요.

암기체크 ① ② ③ ④ ⑤

053
휴가 중이에요.

암기체크 ① ② ③ ④ ⑤

054
다이어트 중이에요.

암기체크 ① ② ③ ④ ⑤

표현 049-054

I'm in love.

전치사 in은 '(공간) ~안에'의 뜻이에요. I'm 나는 ~에 있다 + in love. 사랑 안에 = 사랑에 빠졌다.

I'm in trouble.

be in trouble 문제가 생기다 / I'm in trouble. I lost my wallet. 문제가 생겼어요. 지갑을 잃어버렸어요.

I'm in a hurry.

be in a hurry 급하다 / Can you wait for me? 좀 기다려줄 수 있어요? - I'm in a hurry. 저 급해요.

I'm in a good mood.

be in a good mood 기분이 좋다 / I'm in a good mood. 기분이 좋아요. ↔ I'm in a bad mood. 기분이 나빠요.

I'm on vacation.

전치사 on은 '접촉'의 의미를 가져요. I'm 나는 ~에 있다 + on vacation 휴가에 맞닿아 = 나는 휴가 중이다.

I'm on a diet.

be on a diet 다이어트 중이다 / I can't eat that cake. I'm on a diet. 저는 그 케이크를 먹을 수 없어요. 다이어트 중이에요.

Chapter 01 초보 패턴

055 암기체크 ✓ ① ② ③ ④ ⑤

가는 중이에요.

056 암기체크 ✓ ① ② ③ ④ ⑤

통화 중이에요.

057 암기체크 ✓ ① ② ③ ④ ⑤

골프에 빠져 있어요.

058 암기체크 ✓ ① ② ③ ④ ⑤

축구에 빠져 있어요.

059 암기체크 ✓ ① ② ③ ④ ⑤

차에 빠져 있어요.

060 암기체크 ✓ ① ② ③ ④ ⑤

춤에 빠져 있어요.

표현 055-060

I'm on my way.

be on one's way 가는 중이다 / Where are you? 어디예요? - I'm on my way. 가는 중이에요.

I'm on the phone.

be on the phone 통화 중이다 / I can't talk right now. I'm on the phone. 지금은 말할 수 없어요. 통화 중이에요.

I'm into golf.

전치사 into는 '(공간) ~안으로'의 뜻이에요. / I'm 나는 ~에 있다 + into golf 골프 안으로 = 나는 골프에 빠져 있다.

I'm into soccer.

What sports do you enjoy? 어떤 스포츠를 즐기세요? - I'm into soccer. 축구에 빠져 있어요.

I'm into cars.

Do you watch car racing? 자동차 경주 보세요? - Yes, I'm into cars. 네, 차에 빠져 있어요.

I'm into dancing.

What do you like to do for fun? 취미로 무얼 하는 걸 좋아하나요? - I'm into dancing. 춤에 빠져 있어요.

Chapter 02 기초 패턴

061 암기체크 ✓ ① ② ③ ④ ⑤

당신 드레스가 마음에 들어요.

062 암기체크 ✓ ① ② ③ ④ ⑤

당신 목소리가 마음에 들어요.

063 암기체크 ✓ ① ② ③ ④ ⑤

당신의 헤어 스타일이 마음에 들어요.

064 암기체크 ✓ ① ② ③ ④ ⑤

당신의 유머 감각이 마음에 들어요.

065 암기체크 ✓ ① ② ③ ④ ⑤

최선을 다할게요.

066 암기체크 ✓ ① ② ③ ④ ⑤

곧 돌아올게요.

표현 061-066

I like your dress.

I like your ....는 '당신의 ~이 마음에 들어요.'의 뜻으로 쓰는 표현이에요.

I like your voice.

voice는 '목소리'의 뜻이에요. / I like your voice. It's powerful. 당신 목소리가 마음에 들어요. 힘이 느껴져요.

I like your hairstyle.

I like your hairstyle. It suits you very well. 당신의 헤어 스타일이 마음에 들어요. 당신한테 정말 잘 어울려요.

I like your sense of humor.

sense of humor는 '유머 감각'이에요. '유머'를 뜻하는 humor의 발음은 /유머/가 아니라 /휴-머ㄹ/에 가까워요.

I'll do my best.

I'll ....은 '~할게요'의 뜻이에요. 이 때 I'll은 I will의 줄임표현으로 주어 I의 '의지'를 강조하거나 그 순간 바로 결정된 미래의 일을 말할 때 써요.

I'll be back soon.

Are you going somewhere? 어디 가세요? - Don't worry. I'll be back soon. 걱정 마세요. 곧 돌아올게요.

Chapter 02　기초 패턴

067　암기체크 ① ② ③ ④ ⑤

제가 도와드릴게요.

068　암기체크 ① ② ③ ④ ⑤

다시 전화드릴게요.

069　암기체크 ① ② ③ ④ ⑤

오렌지 주스로 마실게요.

070　암기체크 ① ② ③ ④ ⑤

마요네즈 뺀 샌드위치로 먹을게요.

071　암기체크 ① ② ③ ④ ⑤

2번 세트 메뉴로 먹을게요.

072　암기체크 ① ② ③ ④ ⑤

저도 같은 걸로 먹을게요.

표현 067-072

I'll help you out.

help ... out은 '~을 도와주다'의 뜻이에요. / Can you give me a hand? 저 좀 도와주실래요? - Absolutely. I'll help you out. 물론이죠. 제가 도와드릴게요.

I'll call you back.

Can you talk right now? 지금 얘기 좀 할 수 있어요? - Sorry, I'll call you back. 죄송하지만 다시 전화드릴게요.

I'll have an orange juice.

I'll have ....는 '~을 먹을게요[마실게요].'의 뜻으로 음식을 주문할 때 쓰는 표현이에요.

I'll have a sandwich, no mayo.

What can I get for you? 무얼 드릴까요? - I'll have a sandwich, no mayo, please. 마요네즈 뺀 샌드위치로 먹을게요.

I'll have combo two.

패스트푸드점에서 판매하는 '세트 메뉴'를 영어로는 보통 combination의 약자인 combo를 써요.

I'll have the same.

I'll have the burger combo. 버거 세트로 먹을게요. - I'll have the same. 저도 같은 걸로 먹을게요.

Chapter 02　기초 패턴

암기체크 ✓ ① ② ③ ④ ⑤

저 늦을 거예요.

암기체크 ✓ ① ② ③ ④ ⑤

제가 저녁을 요리할 거예요.

암기체크 ✓ ① ② ③ ④ ⑤

낮잠 자려구요.

암기체크 ✓ ① ② ③ ④ ⑤

개를 산책시킬 거예요.

암기체크 ✓ ① ② ③ ④ ⑤

공중화장실을 찾고 있어요.

암기체크 ✓ ① ② ③ ④ ⑤

환전소를 찾고 있어요.

표현 073-078

I'm going to be late.

will과 달리 be going to는 주로 미리 '예정된 미래'의 일을 말할 때 써요.

I'm going to cook dinner.

Do you want to eat out tonight? 오늘 밤에 외식할래요? - No, I'm going to cook dinner. 아뇨, 제가 저녁을 요리할 거예요.

I'm going to take a nap.

What are your plans for the afternoon? 오후 계획이 뭔가요? - I'm going to take a nap. 낮잠 자려구요.

I'm going to walk my dog.

Are you coming to the party? 파티에 올 건가요? - No, I'm going to walk my dog. 아뇨, 개를 산책시킬 거예요.

I'm looking for a public restroom.

I'm looking for ....는 '~을 찾고 있다'의 뜻이에요. 비슷한 뜻의 find는 '이미 찾은 것'을 표현할 때 써요. I'm finding .... (X)

I'm looking for a money exchange.

I'm looking for a money exchange. 환전소를 찾고 있어요. - You can find one just around the corner. 모퉁이를 돌면 하나 있어요.

Chapter 02 기초 패턴

암기체크 ① ② ③ ④ ⑤

가까운 버스 정류장을 찾고 있어요.

암기체크 ① ② ③ ④ ⑤

식사하기 좋은 곳을 찾고 있어요.

암기체크 ① ② ③ ④ ⑤

좋겠네요.

암기체크 ① ② ③ ④ ⑤

지루하겠네요.

암기체크 ① ② ③ ④ ⑤

재미있겠네요.

암기체크 ① ② ③ ④ ⑤

그거 참 좋은 생각이네요.

표현 079-084

I'm looking for the nearest bus stop.

I'm looking for the nearest bus stop. 가까운 버스 정류장을 찾고 있어요. - Go straight ahead. 앞으로 쭉 가세요.

I'm looking for a good place to eat.

I'm looking for a good place to eat. 식사하기 좋은 곳을 찾고 있어요. - What kind of food? 어떤 종류의 음식이요?

Sounds good.

Sounds ....는 '~처럼 들리다'의 뜻으로 앞에 That이 생략된 표현이에요. / How about dinner today? 오늘 저녁 식사 어때요? - Sounds good. 좋겠네요.

Sounds boring.

I have to attend a seminar. 세미나에 참석해야 해요. - Sounds boring. 지루하겠네요.

Sounds like fun.

Sounds 다음에 '명사'가 오면 like을 써요. / Let's go to the movies tonight. 저녁에 영화 보러 가요. - Sound like fun. 재미있겠네요.

Sounds like a plan.

Sounds like a plan.은 직역하면 '계획처럼 들린다.'이지만 실제로는 Sounds like a good idea.와 비슷한 의미로 쓰는 표현이에요.

Chapter 02 기초 패턴

085 암기체크 ① ② ③ ④ ⑤

점심 먹어요.

086 암기체크 ① ② ③ ④ ⑤

시작해요.

087 암기체크 ① ② ③ ④ ⑤

잠깐 쉬어요.

088 암기체크 ① ② ③ ④ ⑤

맥주 한 잔 해요.

089 암기체크 ① ② ③ ④ ⑤

달라 보여요.

090 암기체크 ① ② ③ ④ ⑤

그 옷 입으니까 멋져 보여요.

표현 085-090

Let's have lunch.

Let's ....는 '~해요'의 뜻으로 무언가를 '제안'하거나 '권유'할 때 써요. / I'm getting hungry. Let's have lunch. 배고파요. 점심 먹어요.

Let's get started.

get started는 '시작하다'란 뜻이에요. / We have a lot of cleaning to do. Let's get started. 청소할 게 많아요. 시작해요.

Let's take a break.

take a break는 '잠시 쉬다'의 뜻이에요. / Let's take a break. 잠깐 쉬어요. - Sounds good. 좋아요.

Let's grab a beer.

grab는 '간단히 먹다 또는 마시다'의 뜻으로 써요. / Let's grab a beer. 맥주 한 잔 해요. - Great idea. 좋은 생각이에요.

You look different.

You look ....은 '당신은 ~처럼 보이다'의 뜻이에요. / Did you get a haircut? You look different. 머리 깎았어요? 달라 보여요.

You look nice in that outfit.

outfit은 '한 벌로 된 옷'을 뜻해요. / You look nice in that outfit. Where did you get it? 그 옷 입으니까 멋져 보여요. 어디서 샀어요?

Chapter 02　기초 패턴

091　암기체크 ① ② ③ ④ ⑤

당신은 어머니를 닮았어요.

092　암기체크 ① ② ③ ④ ⑤

휴식이 필요해 보여요.

093　암기체크 ① ② ③ ④ ⑤

당신을 위한 소포가 있어요.

094　암기체크 ① ② ③ ④ ⑤

계산서에 오류가 있어요.

095　암기체크 ① ② ③ ④ ⑤

냉장고에 우유가 없어요.

096　암기체크 ① ② ③ ④ ⑤

저희 가족은 5명이에요.

표현 091-096

You look like your mother.

You look like your mother. 당신은 어머니를 닮았어요. - Yes, many people say that. 네, 많은 사람들이 그렇게 말해요.

You look like you need some rest.

like 다음에 문장도 올 수 있어요. / You look like you need some rest. 휴식이 필요해 보여요. - Yeah, I had a long day. 네, 오늘 하루 힘들었어요.

There is a package for you.

There is/are ...는 '~가 있다'의 뜻이에요. 주어가 동사 is/are 다음에 오니 주의하세요. There is + 단수명사 / There are + 복수명사

There is a mistake on the check.

There is a mistake on the check. 계산서에 오류가 있어요. - I apologize for the error. 오류에 대해 사과드립니다.

There is no milk in the fridge.

There is no milk in the fridge. 냉장고에 우유가 없어요. - I'll get some from the store. 상점에서 사 올게요.

There are five people in my family.

How many people are in your family? 가족이 몇 분이세요? - There are five people in my family. 저희 가족은 5명이에요.

Chapter 02　기초 패턴

097　암기체크 ① ② ③ ④ ⑤

그거 가지셔도 돼요.

098　암기체크 ① ② ③ ④ ⑤

저한테 얘기하셔도 돼요.

099　암기체크 ① ② ③ ④ ⑤

제 노트북을 쓰셔도 돼요.

100　암기체크 ① ② ③ ④ ⑤

더 오래 계셔도 돼요.

101　암기체크 ① ② ③ ④ ⑤

그녀의 말을 들어야 해요.

102　암기체크 ① ② ③ ④ ⑤

정장을 입어야 해요.

표현 097-102

You can keep it.

keep은 돌려주지 않고 계속 '가지고 있다'의 뜻이에요. / You can ...은 '당신은 ~할 수 있다' 또는 '당신은 ~해도 된다'의 뜻으로 쓰는 표현이에요.

You can talk to me.

I need someone to talk to. 말할 사람이 필요해요. - You can talk to me. 저한테 얘기하셔도 돼요.

You can use my laptop.

laptop은 '노트북'을 뜻해요. / My computer crashed. 제 컴퓨터가 고장났어요. - You can use my laptop. 제 노트북을 쓰셔도 돼요.

You can stay a little longer.

stay는 '머무르다'의 뜻이에요. / It's getting late. 늦었네요. - You can stay a little longer. 더 오래 계셔도 돼요.

You should listen to her.

You should ....는 '당신은 ~해야 해요.'의 뜻으로 '의무'를 나타내는 표현이에요. 주로 상대방에게 '조언'이나 '권유'를 할 때 써요.

You should wear a suit.

suit는 '정장'이에요. 발음은 /슈-ㅌ/가 아니라 /수-ㅌ/에 가까워요.

Chapter 02 기초 패턴

103 암기체크 ① ② ③ ④ ⑤
좀 더 자신감을 가지세요.

104 암기체크 ① ② ③ ④ ⑤
술 너무 많이 마시지 마세요.

105 암기체크 ① ② ③ ④ ⑤
저 서둘러야 해요.

106 암기체크 ① ② ③ ④ ⑤
저 출근해야 해요.

107 암기체크 ① ② ③ ④ ⑤
저 임대료를 내야 해요.

108 암기체크 ① ② ③ ④ ⑤
저 회의에 참석해야 해요.

표현 103-108

You should be more confident.

confident는 '자신감 있는'의 뜻이에요. / You should be more confident when speaking in public. 사람들 앞에서 말할 때 좀 더 자신감을 가지세요.

You shouldn't drink too much.

I don't feel drunk yet. 아직 취하지 않았어요. - You shouldn't drink too much. 술 너무 많이 마시지 마세요.

I have to hurry.

I have to ....는 '나는 ~해야 한다.'는 뜻으로 '의무'를 나타내는 표현이에요. 비슷한 뜻의 should에 비해 have to는 좀 더 강한 의무감을 나타내요.

I have to go to work.

I have to go to work. 저 출근해야 해요. - Have a good day. 좋은 하루 되세요.

I have to pay the rent.

pay the rent는 '임대료를 지불하다'의 뜻이에요. / I have to pay the rent on time. 저 제때 임대료를 내야 해요.

I have to attend a meeting.

attend는 '참석하다'의 뜻이에요. / I have to attend a meeting. 저 회의에 참석해야 해요. - Don't be late. 늦지 마세요.

Chapter 02 기초 패턴

암기체크 ✓ ① ② ③ ④ ⑤

가지 않으셔도 돼요.

암기체크 ✓ ① ② ③ ④ ⑤

걱정하지 않으셔도 돼요.

암기체크 ✓ ① ② ③ ④ ⑤

사과하지 않아도 돼요.

암기체크 ✓ ① ② ③ ④ ⑤

그러지 않으셔도 돼요.

암기체크 ✓ ① ② ③ ④ ⑤

예전에 담배를 피웠어요.

암기체크 ✓ ① ② ③ ④ ⑤

예전에 거기서 살았어요.

표현 109-114

You don't have to go.

You don't have to .... 는 '~할 필요가 없다'는 뜻의 표현이에요.

You don't have to worry.

I'm anxious about the future. 저는 미래가 걱정돼요. - You don't have to worry. 걱정하지 않으셔도 돼요.

You don't have to apologize.

apologize는 '사과하다'의 뜻이에요. / I'm sorry for the mistake. 실수해서 죄송해요. - You don't have to apologize. 사과하지 않아도 돼요.

You don't have to do that.

I'll buy you lunch today. 오늘 점심 사드릴게요. - You don't have to do that. 그러지 않으셔도 돼요.

I used to smoke.

I used to ....는 '저는 예전에 ~했어요.'의 뜻으로 과거에는 했지만 지금은 그렇지 않은 일을 말할 때 쓰는 표현이에요.

I used to live there.

Have you ever been to Paris? 파리에 가 본 적 있나요? - Yes, I used to live there. 네, 예전에 거기서 살았어요.

Chapter 02 기초 패턴

115 암기체크 ① ② ③ ④ ⑤

예전에 고양이를 키웠어요.

116 암기체크 ① ② ③ ④ ⑤

예전에 머리가 길었어요.

117 암기체크 ① ② ③ ④ ⑤

치킨 샌드위치 주세요.

118 암기체크 ① ② ③ ④ ⑤

케이크 한 조각 주세요.

119 암기체크 ① ② ③ ④ ⑤

차를 빌리고 싶어요.

120 암기체크 ① ② ③ ④ ⑤

이것을 유로로 바꾸고 싶어요.

표현 115-120

I used to have a cat.

Do you like animals? 동물을 좋아하세요? – Absolutely. I used to have a cat. 그럼요. 예전에 고양이를 키웠어요.

I used to have long hair.

Did you always have short hair? 항상 머리가 짧았나요? – No, I used to have long hair. 아뇨, 예전에 머리가 길었어요.

I'd like a chicken sandwich.

I'd like (to) ....는 I would like (to)의 줄임말로, 상대방에게 원하는 것을 말할 때 쓰는 표현이에요.

I'd like a slice of cake.

What would you like for dessert? 디저트로 무얼 드릴까요? – I'd like a slice of cake, please. 케이크 한 조각 주세요.

I'd like to rent a car.

How can I assist you? 어떻게 도와드릴까요? – I'd like to rent a car for a week. 일주일 동안 차를 빌리고 싶어요.

I'd like to change this to euros.

Which currency do you need? 어떤 화폐가 필요하신가요? – I'd like to change this to euros. 이것을 유로로 바꾸고 싶어요.

Chapter 03 의문문 패턴

121 암기체크 ① ② ③ ④ ⑤

괜찮아요?

122 암기체크 ① ② ③ ④ ⑤

확실해요?

123 암기체크 ① ② ③ ④ ⑤

준비됐나요?

124 암기체크 ① ② ③ ④ ⑤

정말이에요?

125 암기체크 ① ② ③ ④ ⑤

그는 한가한가요?

126 암기체크 ① ② ③ ④ ⑤

그녀는 긴장했나요?

표현 121-126

Are you okay?

'Are you + 형용사?'는 '당신은 ~인가요?'의 뜻으로 상대방의 '상태'를 물을 때 쓰는 표현이에요.

Are you sure?

I think this is the right way. 이게 맞는 길 같아요. - Are you sure? 확실해요?

Are you ready?

Are you ready? 준비됐나요? - Yes, let's go. 네, 가시죠.

Are you serious?

serious는 '진지한'의 뜻이에요. / I won the lottery. 복권에 당첨됐어요. - Are you serious? 정말이에요?

Is he free?

Is he/she ...?는 '그/그녀는 ~인가요?'의 뜻이에요. free는 '자유로운' 또는 '한가한'의 뜻으로 써요.

Is she nervous?

nervous는 '긴장한'의 뜻이에요. / Is she nervous? 그녀는 긴장했나요? - No, she's relaxed. 아뇨, 그녀는 편안해요.

Chapter 03 의문문 패턴

127 암기체크 ① ② ③ ④ ⑤

그는 화가 났나요?

128 암기체크 ① ② ③ ④ ⑤

그녀는 개를 좋아하는 사람인가요?

129 암기체크 ① ② ③ ④ ⑤

이거 양고기인가요?

130 암기체크 ① ② ③ ④ ⑤

이거 수제인가요?

131 암기체크 ① ② ③ ④ ⑤

이거 LA로 가는 건가요?

132 암기체크 ① ② ③ ④ ⑤

이거 급행열차인가요?

표현 127-132

127 Is he angry?

is he angry? 그는 화가 났나요? - Yes, he's quite upset. 네, 화가 많이 났어요.

128 Is she a dog person?

dog person은 '개를 좋아하는 사람'을 말해요. cat person 고양이를 좋아하는 사람, people person 사교적인 사람, beach person 바다를 좋아하는 사람

129 Is this lamb?

Is this …?는 '이것은 ~인가요?'를 뜻하는 표현이에요. '양고기'를 뜻하는 lamb은 b가 발음되지 않고 /램/이라 발음해요.

130 Is this handmade?

is this handmade? 이거 수제인가요? - No, it's machine-made. 아뇨, 기계로 만든 거예요.

131 Is this going to LA?

Is this going to LA? - Yes, this bus is headed to LA. 네, 이 버스는 LA로 가요.

132 Is this an express train?

is this an express train? 이거 급행열차인가요? - No, it's a regular train. 아뇨, 일반열차예요.

Chapter 03 의문문 패턴

133 암기체크 ① ② ③ ④ ⑤

커피 좋아하세요?

134 암기체크 ① ② ③ ④ ⑤

영어 할 줄 아세요?

135 암기체크 ① ② ③ ④ ⑤

도움이 필요하세요?

136 암기체크 ① ② ③ ④ ⑤

온라인 게임 하세요?

137 암기체크 ① ② ③ ④ ⑤

디저트 드실래요?

138 암기체크 ① ② ③ ④ ⑤

담요 드릴까요?

표현 133-138

Do you like coffee?

Do you ...?는 '~하세요?'의 뜻이에요. '형용사'나 '명사'가 다음에 오는 Are you와 달리 Do you 다음에는 '동사'가 와요.

Do you speak English?

Do you speak English? 영어 할 줄 아세요? - No, I don't speak English very well. 아뇨, 영어를 잘 못해요.

Do you need any help?

Do you need any help? 도움이 필요하세요? - No, thanks. I can manage. 아뇨, 괜찮습니다. 제가 할 수 있어요.

Do you play online games?

Do you play online games? 온라인 게임 하세요? - No, I'm not really into gaming. 아뇨, 게임하는 거 별로 좋아하지 않아요.

Do you want dessert?

Do you want ...?는 상대방이 원하는 것을 묻고 싶을 때 쓰는 표현이에요.

Do you want a blanket?

Do you want a blanket? 담요 드릴까요? - Yes, please. I feel a bit cold. 네, 주세요. 좀 춥네요.

Chapter 03 의문문 패턴

139 암기체크 ① ② ③ ④ ⑤

물 한 잔 드릴까요?

140 암기체크 ① ② ③ ④ ⑤

공항까지 태워드릴까요?

141 암기체크 ① ② ③ ④ ⑤

여분의 우산이 있나요?

142 암기체크 ① ② ③ ④ ⑤

형제자매가 있나요?

143 암기체크 ① ② ③ ④ ⑤

와이파이가 있나요?

144 암기체크 ① ② ③ ④ ⑤

약속이 있나요?

표현 139-144

Do you want a glass of water?

Do you want a glass of water? 물 한 잔 드릴까요? - No, thanks. I'm not thirsty. 아뇨, 괜찮습니다. 목마르지 않아요.

Do you want a ride to the airport?

Do you want a ride to the airport? 공항까지 태워드릴까요? - Yes, that's very kind of you. 네, 정말 친절하시네요.

Do you have an extra umbrella?

extra는 '여분의'의 뜻이에요. / Do you have ...?는 직역하면 '당신은 ~을 가지고 있나요?'이지만 '~이 있나요?'로 해석되는 경우가 많아요.

Do you have siblings?

sibling은 '형제자매'를 뜻해요. / Do you have siblings? 형제자매가 있나요? - No, I'm an only child. 아뇨, 저는 외동이에요.

Do you have Wi-Fi?

Do you have Wi-Fi? 와이파이 있나요? - Yes, the Wi-Fi password is 'guest123'. 네, 와이파이 비밀번호는 guest123입니다.

Do you have plans?

친구들과의 만남과 같은 일반적인 '약속'이나 '계획'에는 단수 a plan이 아니라 복수 plans를 써요.

Chapter 03 의문문 패턴

145 우유 샀나요? 암기체크 ① ② ③ ④ ⑤

146 잘 잤나요? 암기체크 ① ② ③ ④ ⑤

147 그 경기 보셨어요? 암기체크 ① ② ③ ④ ⑤

148 좋은 주말 보내셨어요? 암기체크 ① ② ③ ④ ⑤

149 토니를 만날 건가요? 암기체크 ① ② ③ ④ ⑤

150 지금 떠나실 건가요? 암기체크 ① ② ③ ④ ⑤

표현 145-150

Did you buy milk?

Did you ...?는 '당신은 ~했나요?'의 뜻으로 과거의 일을 묻고 싶을 때 써요. Do you ...? ~하나요? / Did you ...? ~했나요?

Did you sleep well?

Did you sleep well? 잘 잤나요? - Yes, like a baby. 네, 아기처럼요.

Did you watch the game?

Did you watch the game? 그 경기 보셨어요? - No, I missed it. 아뇨, 놓쳤어요.

Did you have a good weekend?

Did you have a good weekend? 좋은 주말 보내셨어요? - Not really. It was boring. 별로요. 지루했어요.

Are you going to meet Tony?

Are you going to ...?는 '당신은 ~할 건가요?'의 뜻으로 아직 일어나지 않은 미래의 일을 묻는 표현이에요.

Are you going to leave now?

Are you going to leave now? 지금 떠나실 건가요? - Not yet. I'm waiting for my friend. 아직요. 친구를 기다리고 있어요.

Chapter 03 의문문 패턴

151 우리와 함께 할래요?

152 저녁을 요리할 건가요?

153 근처에 은행이 있나요?

154 이 건물에 화장실이 있나요?

155 전망 있는 루프탑 바 있나요?

156 이 근처에 좋은 식당 있나요?

표현 151-156

Are you going to join us?

Are you going to join us? 우리와 함께 할래요? - Sure, count me in. 그럼요, 저도 끼워줘요.

Are you going to cook dinner?

Are you going to cook dinner? 저녁을 요리할 건가요? - Not tonight. I'm too tired. 오늘밤은 말고요. 너무 피곤해요.

Is there a bank nearby?

Is there ...?는 '~이 있나요?'의 뜻으로 사람이나 사물의 '존재'를 나타낼 때 쓰는 표현이에요.

Is there a restroom in this building?

Is there a restroom in this building? 이 건물에 화장실이 있나요? - Yes, there's one at the end of the hallway. 네, 복도 끝에 있어요.

Is there a rooftop bar with a view?

Is there a rooftop bar with a view? 전망 있는 루프탑 바가 있나요? - I'm not sure. 잘 모르겠어요.

Is there a good restaurant around here?

Is there a good restaurant around here? 이 근처에 좋은 식당 있나요? - Yes, a great one nearby. 네, 근처에 좋은 곳이 있어요.

Chapter 03 의문문 패턴

157 암기체크 ① ② ③ ④ ⑤
칠면조를 먹어본 적 있나요?

158 암기체크 ① ② ③ ④ ⑤
성경을 읽어본 적 있나요?

159 암기체크 ① ② ③ ④ ⑤
그리스 음식을 먹어본 적 있나요?

160 암기체크 ① ② ③ ④ ⑤
뉴욕에 가 본 적 있나요?

161 암기체크 ① ② ③ ④ ⑤
들어가도 될까요?

162 암기체크 ① ② ③ ④ ⑤
여기 앉아도 될까요?

표현 157-162

Have you ever eaten turkey?

Have you ever ...?는 '~한 적 있나요?'의 뜻으로 상대방의 '경험 여부'를 물을 때 쓰는 표현이에요.

Have you ever read the Bible?

Have you ever read the Bible? 성경을 읽어본 적 있나요? - No, I haven't. 아뇨, 읽어본 적 없어요.

Have you ever tried Greek food?

Have you ever tried Greek food? 그리스 음식을 먹어본 적 있나요? - Yes, I love it! 네, 정말 좋아해요!

Have you ever been to New York?

Have you ever been to New York? 뉴욕에 가 본 적 있나요? - Yes, I visited last year. 네, 작년에 방문했어요.

Can I come in?

Can I ...?는 '제가 ~해도 될까요?'의 뜻으로 상대방에게 '허락'을 구할 때 쓰는 표현이에요.

Can I sit here?

Can I sit here? 여기 앉아도 될까요? - I'm sorry. This seat is taken. 죄송하지만, 이 자리는 누가 앉았어요.

Chapter 03 의문문 패턴

163 암기체크 ① ② ③ ④ ⑤

화장실 좀 써도 될까요?

164 암기체크 ① ② ③ ④ ⑤

질문해도 될까요?

165 암기체크 ① ② ③ ④ ⑤

냅킨 좀 주시겠어요?

166 암기체크 ① ② ③ ④ ⑤

환불해 주시겠어요?

167 암기체크 ① ② ③ ④ ⑤

창가쪽 자리로 주시겠어요?

168 암기체크 ① ② ③ ④ ⑤

커피 좀 리필해 주시겠어요?

표현 163-168

163. Can I use your bathroom?

Can I use your bathroom? 화장실 좀 써도 될까요? - Sure, it's right next to the kitchen. 그럼요, 부엌 바로 옆에 있어요.

164. Can I ask you a question?

Can I ask you a question? 질문해도 될까요? - Of course, go ahead. 그럼요, 하세요.

165. Can I get a napkin?

Can I get ...?은 직역하면 '제가 ~을 받을 수 있나요?'인데, 우리말로는 '~ 좀 주시겠어요?'의 의미로 쓰여요.

166. Can I get a refund?

refund는 '환불'의 뜻이에요. / Can I get a refund for this shirt? 이 셔츠 환불해 주시겠어요? - Certainly. 그럼요.

167. Can I get a seat by the window?

Can I get a seat by the window? 창가쪽 자리로 주시겠어요? - Of course. Come this way. 물론이죠. 이쪽으로 오세요.

168. Can I get a refill on my coffee?

Can I get a refill on my coffee? 커피 좀 리필해 주시겠어요? - Sure thing. Just give me a moment. 물론이죠. 잠깐만요.

Chapter 03 의문문 패턴

169 암기체크 ① ② ③ ④ ⑤

좀 도와 주시겠어요?

170 암기체크 ① ② ③ ④ ⑤

선물용으로 포장해 주실래요?

171 암기체크 ① ② ③ ④ ⑤

거북이에게 먹이 좀 주실래요?

172 암기체크 ① ② ③ ④ ⑤

미터기 좀 켜 주시겠어요?

173 암기체크 ① ② ③ ④ ⑤

더 천천히 말씀해 주시겠어요?

174 암기체크 ① ② ③ ④ ⑤

좀 깎아 주시겠어요?

표현 169-174

Could you help me?

Could you ....?는 '~해주시겠어요?'의 뜻으로 상대방에게 무언가를 '부탁'하거나 '요청'할 때 주로 쓰는 표현이에요.

Could you gift-wrap it?

Could you gift-wrap it? 선물용으로 포장해 주실래요? - Sure, we offer gift-wrapping service. 그럼요, 저희는 선물 포장 서비스를 제공합니다.

Could you feed the turtle?

feed는 '먹이를 주다'의 뜻이에요. / Could you feed the turtle? 거북이에게 먹이 좀 주실래요? - No worries. 알겠어요.

Could you turn on the meter?

turn on the meter 미터기를 켜다 / Could you turn on the meter? 미터기 좀 켜 주시겠어요? - Sure. 그럼요.

Could you speak more slowly?

Could you speak more slowly? 더 천천히 말씀해 주시겠어요? - Okay, I'll slow down. 네, 속도를 늦출게요.

Could you give me a discount?

Could you give me a discount? 좀 깎아 주시겠어요? - Sorry, the price is fixed. 죄송하지만, 정찰제예요.

Chapter 03 의문문 패턴

175 암기체크 ① ② ③ ④ ⑤
거기에 어떻게 가는지 좀 알려 주시겠어요?

176 암기체크 ① ② ③ ④ ⑤
괜찮은 식당 좀 추천해 주시겠어요?

177 암기체크 ① ② ③ ④ ⑤
마실 것 좀 드릴까요?

178 암기체크 ① ② ③ ④ ⑤
와인 좀 드실래요?

179 암기체크 ① ② ③ ④ ⑤
춤추실래요?

180 암기체크 ① ② ③ ④ ⑤
산책하러 가실래요?

표현 175-180

Could you tell me how to get there?

Could you tell me how to get there? 거기에 어떻게 가는지 좀 알려주시겠어요? - Go straight, then turn left. 쭉 가다가 왼편으로 꺾으세요.

Could you recommend a good restaurant?

recommend는 '추천하다'의 뜻이에요. / Could you recommend a good restaurant? 괜찮은 식당 좀 알려주시겠어요? - Sure thing. 그럼요.

Would you like something to drink?

Would you like (to)...?는 상대방에게 원하는 것을 묻거나, 무언가를 권할 때 쓰는 표현이에요.

Would you like some wine?

Would you like some wine? 와인 좀 드실래요? - Yes, please. I'd love a glass of red. 네, 레드로 한 잔 주세요.

Would you like to dance?

Would you like to dance? 춤추실래요? - Sure, I'd love to. 물론이죠. 추고 싶어요.

Would you like to go for a walk?

Would you like to go for a walk? 산책하러 가실래요? - I'm sorry, but I'm not in the mood. 죄송하지만 그럴 기분이 아니에요.

Chapter 04 의문사 패턴 01

181 암기체크 ① ② ③ ④ ⑤

저 사람은 누구인가요?

182 암기체크 ① ② ③ ④ ⑤

좋아하는 화가가 누구예요?

183 암기체크 ① ② ③ ④ ⑤

좋아하는 슈퍼히어로가 누구예요?

184 암기체크 ① ② ③ ④ ⑤

저 노래의 가수는 누구죠?

185 암기체크 ① ② ③ ④ ⑤

무슨 문제 있어요?

186 암기체크 ① ② ③ ④ ⑤

뭐가 그리 급해요?

표현 181-186

181 Who's that person?

의문사 who는 '누가, 누구'의 뜻으로 사람의 신분이나 관계 등을 물을 때 주로 사용해요.

182 Who's your favorite artist?

Who's your favorite artist? 좋아하는 화가가 누구예요? - I'm a big fan of Pablo Piccaso. 파블로 피카소를 정말 좋아해요.

183 Who's your favorite superhero?

Who's your favorite superhero? 좋아하는 슈퍼히어로가 누구예요? - Batman is my favorite. 배트맨을 좋아해요.

184 Who's the singer of that song?

Who's the singer of that song? 저 노래의 가수가 누구죠? - It's Michael Jackson. 마이클 잭슨이에요.

185 What's the matter?

의문사 what은 '무엇'의 뜻으로 주로 사물에 대해 물을 때 주로 써요.

186 What's the rush?

rush는 '바삐 서둘러야 하는 상황'을 말해요. / What's the rush? 뭐가 그리 급해요? - The sale ends in ten minutes. 10분 후에 세일이 끝나요.

Chapter 04 의문사 패턴 01

187 암기체크 ① ② ③ ④ ⑤

차이가 뭐죠?

188 암기체크 ① ② ③ ④ ⑤

이거 이름이 뭔가요?

189 암기체크 ① ② ③ ④ ⑤

당신의 이름은 뭐예요?

190 암기체크 ① ② ③ ④ ⑤

어떤 타입을 좋아하세요?

191 암기체크 ① ② ③ ④ ⑤

가장 좋아하는 음식이 뭔가요?

192 암기체크 ① ② ③ ④ ⑤

가장 좋아하는 영화가 뭔가요?

표현 187-192

What's the difference?

What's the difference? 차이가 뭐죠? - Option A is blue, Option B is red. 옵션 A는 파란색, 옵션 B는 빨간색이에요.

What's the name of this?

What's the name of this? 이거 이름이 뭔가요? - It's called a daisy. 그건 '데이지'라 불려요.

What's your name?

What's your ...?는 '당신의 ~는 무엇인가요?'의 뜻이에요. / What's your name? 당신의 이름은 뭐예요? - I'm Alex. Nice to meet you. 알렉스예요. 만나서 반가워요.

What's your type?

What's your type? 어떤 타입을 좋아하세요? - I like someone who is tall and handsome. 저는 키 크고, 잘 생긴 사람이 좋아요.

What's your favorite food?

What's your favorite food? 가장 좋아하는 음식이 뭔가요? - Nothing beats a juicy cheeseburger. 육즙 가득한 치즈버거가 최고죠.

What's your favorite movie?

What's your favorite movie? 가장 좋아하는 영화가 뭔가요? - For me, 'Up' is a masterpiece. 제게는 '업'이 최고의 작품이에요.

Chapter 04 의문사 패턴 01

193 암기체크 ① ② ③ ④ ⑤

오늘 무슨 요일인가요?

194 암기체크 ① ② ③ ④ ⑤

당신의 차는 무슨 색인가요?

195 암기체크 ① ② ③ ④ ⑤

무슨 책을 읽고 있나요?

196 암기체크 ① ② ③ ④ ⑤

어떤 영화를 봤나요?

197 암기체크 ① ② ③ ④ ⑤

일몰은 몇 시인가요?

198 암기체크 ① ② ③ ④ ⑤

다음 버스는 몇 시에 있나요?

표현 193-198

What day is it today?

의문사 what이 명사 앞에 쓰이면 '무슨' 또는 '어떤'의 뜻이에요. / What day is it today? 오늘 무슨 요일인가요? - It's Monday today. 오늘 월요일이에요.

What color is your car?

What color is your car? 당신의 차는 무슨 책인가요? - I have a blue car. 제 차는 파란색이에요.

What book are you reading?

What book are you reading? 무슨 책을 읽고 있나요? - I'm enjoying '1984'. '1984'를 재미있게 읽고 있어요.

What movie did you watch?

What movie did you watch? 어떤 영화를 봤나요? - I watched 'La La Land' last week. 지난 주에 '라라랜드'를 봤어요.

What time is the sunset?

What time ...?은 '~은 몇 시인가요?'의 뜻으로 구체적인 시간을 물을 때 써요.

What time is the next bus?

What time is the next bus? 다음 버스는 몇 시에 있나요? - The next bus is at 7 p.m. 다음 버스는 저녁 7시에 있어요.

Chapter 04 의문사 패턴 01

199 헬스클럽은 몇 시에 여나요?

200 술집은 몇 시에 닫나요?

201 어떤 종류의 음악을 좋아하세요?

202 어떤 종류의 반려동물을 키우세요?

203 어떤 종류의 음식을 좋아하세요?

204 어떤 종류의 차를 운전하세요?

표현 199-204

199. What time does the gym open?

What time does the gym open? 헬스클럽은 몇 시에 여나요? - The gym opens at 6 a.m. every morning. 헬스클럽은 매일 아침 6시에 열어요.

200. What time does the bar close?

What time does the bar close? 술집은 몇 시에 닫나요? - The bar closes at 2 a.m. 술집은 새벽 2시에 닫아요.

201. What kind of music do you like?

What kind of ...?는 '어떤 종류의 ~?'의 뜻이에요. / What kind of music do you like? 어떤 종류의 음악을 좋아하나요? - I like hip-hop. 힙합을 좋아해요.

202. What kind of pets do you have?

What kind of pets do you have? 어떤 종류의 반려동물을 키우세요? - I have a hamster. 햄스터를 키워요.

203. What kind of food do you enjoy?

What kind of food do you enjoy? 어떤 종류의 음식을 좋아하세요? - I'm a fan of Thai food. 저는 태국 음식을 좋아해요.

204. What kind of car do you drive?

What kind of car do you drive? 어떤 종류의 차를 운전하세요? - I have a Tesla Model 3. 테슬라 모델 3가 있어요.

Chapter 04 의문사 패턴 01

암기체크 ✓ ① ② ③ ④ ⑤

어느 것이 더 좋아요?

암기체크 ✓ ① ② ③ ④ ⑤

어느 것이 더 싼가요?

암기체크 ✓ ① ② ③ ④ ⑤

정답이 뭔가요?

암기체크 ✓ ① ② ③ ④ ⑤

가장 인기 있는 TV 프로그램은 무엇인가요?

암기체크 ✓ ① ② ③ ④ ⑤

어느 여행 가방이 당신 건가요?

암기체크 ✓ ① ② ③ ④ ⑤

어느 쪽으로 가야 하나요?

표현 205-210

Which is better?

의문사 which는 정해진 범위 내에서 무언가를 '선택'하는 상황에서 주로 써요. / Which is better, beach or moutain? 산과 바다 중에 어느 것이 더 좋아요?

Which is cheaper?

Sedan or SUV, which is cheaper? 세단과 SUV 중에 어느 것이 더 싼가요? - Sedans are usually cheapter. 보통은 세단이 더 싸요.

Which is the correct answer?

correct는 '옳은'의 뜻이에요. / Which is the correct answer? 정답이 뭔가요? - The correct answer is C. 정답은 C예요.

Which is the most popular TV show?

Which is the most popular TV show? 가장 인기있는 TV 프로그램은 무엇인가요? - 'Stranger Things' is the most popular. '기묘한 이야기'가 가장 인기 있어요.

Which suitcase is yours?

which 다음에 명사가 오면 '어느', '어떤'의 뜻이에요. / Which suitcase is yours? 어느 여행 가방이 당신 건가요? - Mine is the black one. 제 건 검은색이에요.

Which way should I go?

Which way should I go? 어느 쪽으로 가야 하나요? - Turn right at the traffic light. 신호등에서 오른쪽으로 도세요.

Chapter 04 의문사 패턴 01

211 암기체크 ① ② ③ ④ ⑤

어떤 전화기를 사야 할까요?

212 암기체크 ① ② ③ ④ ⑤

어느 기차가 시카고로 가나요?

213 암기체크 ① ② ③ ④ ⑤

우체국이 어디죠?

214 암기체크 ① ② ③ ④ ⑤

기차역이 어디죠?

215 암기체크 ① ② ③ ④ ⑤

주차장이 어디죠?

216 암기체크 ① ② ③ ④ ⑤

가장 가까운 은행이 어디죠?

표현 211-216

211. Which phone should I buy?

Which phone should I buy? 어떤 전화기를 사야 할까요? - I recommend the Samsung Galaxy. 삼성 갤럭시를 추천해요.

212. Which train goes to Chicago?

Which train goes to Chicago? 어느 기차가 시카고로 가나요? - The one departing from platform 3. 3번 플랫폼에서 출발하는 기차요.

213. Where's the post office?

의문사 where는 '어디에'의 뜻으로 '장소'를 물을 때 써요. / Where's the post office? 우체국이 어디죠? - It's next to the library. 도서관 옆에 있어요.

214. Where's the train station?

Where's the train station? 기차역이 어디죠? - Straight ahead, on your right. 앞으로 쭉 가시면 오른편에 있어요.

215. Where's the parking lot?

parking lot은 '주차장'을 뜻해요. / Where's the parking lot? 주차장이 어디죠? - Behind the building. 건물 뒷편에요.

216. Where's the nearest bank?

Where's the nearest bank? 가장 가까운 은행이 어디죠? - There's a bank just around the corner. 모퉁이를 돌면 은행이 있어요.

Chapter 04 의문사 패턴 01

217 암기체크 ① ② ③ ④ ⑤

약국은 어디서 찾을 수 있나요?

218 암기체크 ① ② ③ ④ ⑤

표는 어디서 살 수 있나요?

219 암기체크 ① ② ③ ④ ⑤

오토바이는 어디서 빌릴 수 있나요?

220 암기체크 ① ② ③ ④ ⑤

커피숍은 어디서 찾을 수 있나요?

221 암기체크 ① ② ③ ④ ⑤

생일이 언제예요?

222 암기체크 ① ② ③ ④ ⑤

점심은 보통 언제 먹나요?

표현 217-222

217 Where can I find a pharmacy?

Where can I ...?는 '어디서 ~할 수 있나요?'의 뜻으로 쓰이는 표현이에요. pharmacy 는 '약국'의 뜻이에요.

218 Where can I buy a ticket?

Where can I buy a ticket? 표는 어디서 살 수 있나요? - There's a kiosk near the entrance. 출입구 근처에 무인 발매기가 있어요.

219 Where can I rent a motorbike?

Where can I rent a motorbike? 오토바이는 어디서 빌릴 수 있나요? - Near the beach. 해변 가까이요.

220 Where can I find a coffee shop?

Where can I find a coffee shop? 커피숍은 어디서 찾을 수 있나요? - There's a coffee shop near the station. 역 근처에 커피숍이 있어요.

221 When's your birthday?

의문사 when은 '언제'의 뜻으로 '때'를 물을 때 써요. / When's your birthday? 생일이 언제예요? - My birthday is on August 4th. 제 생일은 8월 4일이에요.

222 When do you usually have lunch?

When do you usually have lunch? 점심은 보통 언제 먹나요? - I have lunch around noon. 12시쯤에 점심을 먹어요.

Chapter 04 의문사 패턴 01

부인은 언제 만났나요?
암기체크 ① ② ③ ④ ⑤

언제 다시 전화주실래요?
암기체크 ① ② ③ ④ ⑤

왜 늦었어요?
암기체크 ① ② ③ ④ ⑤

왜 영어를 배우세요?
암기체크 ① ② ③ ④ ⑤

왜 항상 검은색 옷을 입으세요?
암기체크 ① ② ③ ④ ⑤

왜 전화 안 했어요?
암기체크 ① ② ③ ④ ⑤

표현 223-228

When did you meet your wife?

When did you meet your wife? 부인은 언제 만났나요? – We met in college. 우리는 대학 때 만났어요.

When will you call me back?

When will you call me back? 언제 다시 전화주실래요? – I'll give you a call later this evening. 오늘 저녁 늦게 전화드릴게요.

Why are you late?

의문사 why는 '왜'의 뜻으로 '이유'를 물을 때 써요. / Why are you late? 왜 늦었어요? – I got caught in heavy traffic. 교통체증에 걸렸어요.

Why are you learning English?

Why are you learning English? 왜 영어를 배우세요? – I want to travel the world. 세계 여행을 하고 싶어요.

Why do you always wear black?

Why do you always wear black? 왜 항상 검은색 옷을 입으세요? – Black suits my personal style. 검은색이 제 개인적인 스타일에 어울려요.

Why didn't you call me?

Why didn't you call me? 왜 전화 안 했어요? – Sorry about that. I completely forgot. 미안해요. 까맣게 잊었어요.

Chapter 04 의문사 패턴 01

229 암기체크 ① ② ③ ④ ⑤

뭐하러 가요?

230 암기체크 ① ② ③ ④ ⑤

뭐하러 걱정해요?

231 암기체크 ① ② ③ ④ ⑤

뭐하러 서둘러요?

232 암기체크 ① ② ③ ④ ⑤

뭐하러 망설여요?

233 암기체크 ① ② ③ ④ ⑤

일은 어때요?

234 암기체크 ① ② ③ ④ ⑤

가족들은 어때요?

표현 229-234

229 Why go?

'Why + 동사원형?'은 아무 소용 없는데 왜 굳이 하려 하냐고 물을 때 써요.

230 Why worry?

I'm worried about my health. 저는 건강이 걱정돼요. - Why worry? 뭐하러 걱정해요?

231 Why hurry?

Why hurry? 뭐하러 서둘러요? - You're right. There's no need to stress. 당신 말이 맞아요. 스트레스 받을 필요없어요.

232 Why hesitate?

hesitate는 '망설이다'의 뜻이에요. / Why hesitate? Trust yourself. 뭐하러 망설여요? 자신을 믿으세요.

233 How's work?

의문사 how는 '어떻게'의 뜻으로 사람이나 사물의 '안부'나 '상태'를 물을 때 써요. / How's work? 일은 어때요? - It's been great. 아주 좋아요.

234 How's your family?

How's your family? 가족들은 어때요? - They're fine, thanks. 잘 지내요, 감사합니다.

Chapter 04 의문사 패턴 01

235 잘 지내요?

암기체크 ① ② ③ ④ ⑤

236 좀 어떻세요?

암기체크 ① ② ③ ④ ⑤

237 주말 잘 보내고 있나요?

암기체크 ① ② ③ ④ ⑤

238 다이어트는 잘 되고 있나요?

암기체크 ① ② ③ ④ ⑤

239 프로젝트는 잘 되고 있나요?

암기체크 ① ② ③ ④ ⑤

240 사업은 잘 되고 있나요?

암기체크 ① ② ③ ④ ⑤

표현 235-240

235. How are you doing?

How are you doing? 잘 지내요? - I'm doing fantasitc. 정말 좋아요.

236. How are you feeling?

이 표현은 주로 몸 상태를 물을 때 써요. / How are you feeling? 좀 어떠세요? - I'm feeling a bit tired, but overall okay. 좀 피곤하지만 대체로 괜찮아요.

237. How's your weekend going?

How's ... going?은 '~이 어떻게 되고 있나요?'의 뜻으로 주로 '진행 상황'을 물을 때 써요. 이때 go는 '진행되다'의 뜻이에요.

238. How's your diet going?

How's your diet going? 다이어트는 잘 되고 있나요? - It's not going well. 잘 안 되고 있어요.

239. How's your project going?

How's your project going? 프로젝트는 잘 되고 있나요? - It's going smothly. 순조롭게 진행되고 있어요.

240. How's your business going?

How's your business going? 사업은 잘 되고 있나요? - It's going better than expected. 기대했던 것보다 더 잘 되고 있어요.

Chapter 05 의문사 패턴 02

241 암기체크 ① ② ③ ④ ⑤

오늘 하루 어땠어요?

242 암기체크 ① ② ③ ④ ⑤

여행은 어땠어요?

243 암기체크 ① ② ③ ④ ⑤

비행은 어땠어요?

244 암기체크 ① ② ③ ④ ⑤

파티는 어땠어요?

245 암기체크 ① ② ③ ④ ⑤

당신 차는 얼마나 됐어요?

246 암기체크 ① ② ③ ④ ⑤

타자를 얼마나 빨리 칠 수 있나요?

표현 241-246

How was your day?

How was ...?는 '~이 어땠어요?'의 뜻으로 과거의 일이 어떠했는지 물을 때 써요. / How was your day? 오늘 하루 어땠어요? - It was good. 좋았어요.

How was your trip?

How was your trip? 여행은 어땠어요? - It was fantastic! The weather was perfect. 정말 환상적이었어요. 날씨도 완벽했구요.

How was your flight?

How was your flight? 비행은 어땠어요? - Well, it was a bit tiring. 음, 좀 피곤했어요.

How was the party?

How was the party? 파티는 어땠어요? - Honestly, it wasn't great. 솔직히 별로였어요.

How old is your car?

how는 다음에 형용사나 부사가 오면, '얼마나'의 뜻이에요. how old 얼마나 오래된 / how fast 얼마나 빨리 / how far 얼마나 멀리 / how late 얼마나 늦게

How fast can you type?

How fast can you type? 타자를 얼마나 빨리 칠 수 있나요? - I'm a pretty fast typer. 저는 꽤 빨리 쳐요.

Chapter 05 의문사 패턴 02

247 암기체크 ① ② ③ ④ ⑤

여기서 얼마나 먼가요?

248 암기체크 ① ② ③ ④ ⑤

그 상점은 얼마나 늦게까지 여나요?

249 암기체크 ① ② ③ ④ ⑤

책이 얼마나 많나요?

250 암기체크 ① ② ③ ④ ⑤

가방을 몇 개까지 부칠 수 있나요?

251 암기체크 ① ② ③ ④ ⑤

여기부터 몇 정거장인가요?

252 암기체크 ① ② ③ ④ ⑤

도대체 몇 번을 말해야 하나요?

표현 247-252

247. How far is it from here?

How far is it from here? 여기서 얼마나 먼가요? - It's about a 10-minute walk from here. 여기서 10분 정도 걸으면 돼요.

248. How late is the store open?

How late is the store open? 그 상점은 얼마나 늦게까지 여나요? - The store is open until 9 p.m. 그 상점은 저녁 9시까지 열어요.

249. How many books do you have?

How many ...?는 '얼마나 많은 ~'의 뜻으로 구체적인 '개수'를 묻고 싶을 때 써요.

250. How many bags can I check?

check은 '짐을 부치다'예요. / How many bags can I check? 가방을 몇 개까지 부칠 수 있나요? - You can check up to two bags. 가방을 2개까지 부칠 수 있어요.

251. How many stops from here?

stop은 '정거장'의 뜻이에요. / How many stops from here? 여기부터 몇 정거장인가요? - It's just two stops away. 두 정거장만 가면 돼요.

252. How many times do I have to tell you?

How many times do I have to tell you? 도대체 몇 번을 말해야 하나요? - I'm sorry. It slipped my mind again. 죄송해요. 또 깜빡했네요.

Chapter 05 의문사 패턴 02

이거 얼마죠?

전부 해서 얼마죠?

현금인출기 수수료는 얼마인가요?

쇼핑에 얼마나 썼나요?

얼마나 자주 운동하세요?

얼마나 자주 외식하세요?

표현 253-258

253. How much is this?

How much ...?는 '얼마나 않은'의 뜻으로 '가격'이나 '양'을 물을 때 써요. / How much is it? 이거 얼마죠? - It's $10. 10달러예요.

254. How much is the total?

How much is the total? 전부 해서 얼마죠? - The total comes to $75. 모두 75달러예요.

255. How much is the ATM fee?

fee는 '수수료'를 뜻해요. / How much is the ATM fee? 현금인출기 수수료는 얼마인가요? - It's $2 per transaction. 거래 당 2달러예요.

256. How much did you spend on shopping?

spend는 '(돈을) 쓰다'의 뜻이에요. / How much did you spend on shopping? 쇼핑에 얼마나 썼나요? - I spent about $100. 100달러쯤 썼어요.

257. How often do you exercise?

How often ...?은 '얼마나 자주'의 뜻으로 '빈도'를 물을 때 써요. / How often do you exercise? 얼마나 자주 운동하세요? - Five times a week. 일주일에 5번요.

258. How often do you eat out?

eat out은 '외식하다'예요. / How often do you eat out? 얼마나 자주 외식하세요? - I eat out once or twice a week. 일주일에 한두 번 해요.

Chapter 05 의문사 패턴 02

259
얼마나 자주 친구들을 보나요?

260
그 버스는 얼마나 자주 오나요?

261
영화 상영시간이 얼마나 돼요?

262
시간이 얼마나 걸리죠?

263
얼마나 기다려야 하죠?

264
얼마나 머무실 건가요?

표현 259-264

259 How often do you see your friends?

How often do you see your friends? 얼마나 자주 친구들을 보나요?- I see my friends regularly. 친구들을 정기적으로 봐요.

260 How often does the bus run?

run은 '운행하다'의 뜻이에요. / How often does the bus run? 그 버스는 얼마나 자주 오나요? - The bus runs every 15 minutes. 15분 마다 다녀요.

261 How long is the movie?

How long ...?은 '얼마나 오래'의 뜻으로 '기간'을 물을 때 써요. / How long is the movie? 영화 상영시간이 얼마나 돼요? - It's about two hours. 2시간 정도에요.

262 How long does it take?

take는 '시간이 걸리다'의 뜻이에요. / How long does it take? 시간이 얼마나 걸리죠? - It usually takes an hour. 보통 1시간 걸려요.

263 How long should I wait?

How long should I wait? 얼마나 기다려야 하죠? - You should wait for about 10 minutes. 10분 정도 기다리셔야 해요.

264 How long will you stay?

How long will you stay? 얼마나 머무실 건가요? - I'll be here for a week. 일주일 동안 여기 머물거예요.

Chapter 05 의문사 패턴 02

265 암기체크 ① ② ③ ④ ⑤

어떻게 도와드릴까요?

266 암기체크 ① ② ③ ④ ⑤

이 앱을 어떻게 사용할 수 있죠?

267 암기체크 ① ② ③ ④ ⑤

어떻게 하면 돈을 더 절약할 수 있을까요?

268 암기체크 ① ② ③ ④ ⑤

에펠탑에 어떻게 갈 수 있나요?

269 암기체크 ① ② ③ ④ ⑤

월요일은 어때요?

270 암기체크 ① ② ③ ④ ⑤

커피 한 잔 어때요?

표현 265-270

265. How can I help you?

How can I ...?는 '어떻게 ~을 할 수 있나요?'의 뜻으로 쓰는 표현이에요. / How can I help you? 어떻게 도와 드릴까요? - Just looking. 그냥 둘러 보는 거예요.

266. How can I use this app?

How can I use this app? 이 앱을 어떻게 사용할 수 있죠? - Download it from the app store. 앱 스토어에서 다운로드 받으세요.

267. How can I save more money?

save는 '절약하다'의 뜻이에요. / How can I save more money? 어떻게 하면 돈을 더 절약할 수 있을까요? - Spend less, save more. 덜 쓰고, 더 아끼는 거죠.

268. How can I get to the Eiffel Tower?

How can I get to the Eiffel Tower? 에펠탑에 어떻게 갈 수 있나요? - Take the subway. 지하철을 타세요.

269. How about Monday?

How about ...?은 상대방에게 무언가를 '제안'할 때 쓰는 표현이에요. / When can we meet? 우리 언제 만나죠? - How about Monday? 월요일은 어때요?

270. How about a cup of coffee?

What do you feel like doing? 뭐하고 싶으세요? - How about a cup of coffee? 커피 한 잔 어때요?

Chapter 05 의문사 패턴 02

암기체크 ① ② ③ ④ ⑤

호텔을 바꾸는 게 어때요?

암기체크 ① ② ③ ④ ⑤

강을 따라 자전거 타러 가는 거 어때요?

암기체크 ① ② ③ ④ ⑤

왜 혼자 오셨어요?

암기체크 ① ② ③ ④ ⑤

왜 안 드세요?

암기체크 ① ② ③ ④ ⑤

왜 전화 안 했어요?

암기체크 ① ② ③ ④ ⑤

한국어를 왜 이렇게 잘하세요?

표현 271-276

How about changing hotels?

I'm not comfortable here. 여기가 편하지 않아요. - How about changing hotels? 호텔을 바꾸는 게 어때요?

How about going a bike ride along the river?

How about going a bike ride along the river? 강을 따라 자전거 타러 가는 거 어때요? - Sounds like a plan. 그거 참 좋은 생각이네요.

How come you're here alone?

How come ...?은 '왜?'의 뜻으로 '이유'를 나타내는 의문사예요. Why와 달리 How come 다음에는 바로 '주어 + 동사'가 와요.

How come you're not eating?

How come you're not eating? 왜 안 드세요? - Oh, I had a big lunch earlier. 아, 저는 아까 점심을 많이 먹었어요.

How come you didn't call me?

How come you didn't call me? 왜 전화 안 했어요? - I'm really sorry. My phone battery died. 정말 죄송해요. 휴대폰 배터리가 다됐어요.

How come your Korean is so good?

How come your Korean is so good? 한국어를 왜 이렇게 잘하세요? - I used to live in Korea for five years. 예전에 5년 동안 한국에 살았어요.

Chapter 05 의문사 패턴 02

277 암기체크 ① ② ③ ④ ⑤

어때요?

278 암기체크 ① ② ③ ④ ⑤

제 머리 어때요?

279 암기체크 ① ② ③ ④ ⑤

당신의 전기차는 어때요?

280 암기체크 ① ② ③ ④ ⑤

한국에서 사는 건 어때요?

281 암기체크 ① ② ③ ④ ⑤

휴가를 내는 게 어때요?

282 암기체크 ① ② ③ ④ ⑤

바람 좀 쐬는 게 어때요?

표현 277-282

How do you like it?

How do you like …?은 '~은 어때요?'의 뜻으로 상대방의 '의견'을 물을 때 써요. / I bought a new dress. How do you like it? 새 옷을 샀어요. 어때요?

How do you like my hair?

How do you like my hair? 제 머리 어때요? - You look great. 멋져 보여요.

How do you like your electric car?

How do you like your electric car? 당신의 전기차는 어때요? - I'm really happy with it. It's much cheaper to run. 정말 만족해요. 운행에 돈이 훨씬 덜 들어요.

How do you like living in Koera?

How do you like living in Koera? 한국에서 사는 건 어때요? - I love it. I'm having a wonderful experience. 정말 좋아요. 놀라운 경험을 하고 있어요.

Why don't you take a vacation?

Why don't you …?는 '~하는 게 어때요?'의 뜻으로 상대방에게 '충고'나 '권유'를 할 때 써요. / take a vacation 휴가를 내다

Why don't you get some fresh air?

I can't focus on my work anymore. 더 이상 일에 집중하지 못하겠어요. - Why don't you get some fresh air? 바람 좀 쐬는 게 어때요?

Chapter 05 의문사 패턴 02

283 암기체크 ① ② ③ ④ ⑤

미술관에 가보는 게 어때요?

284 암기체크 ① ② ③ ④ ⑤

새로운 헤어 스타일을 시도해 보는 게 어때요?

285 암기체크 ① ② ③ ④ ⑤

쇼핑하러 가는 게 어때요?

286 암기체크 ① ② ③ ④ ⑤

새로운 스포츠를 해보는 게 어때요?

287 암기체크 ① ② ③ ④ ⑤

댄스 수업 듣는 게 어때요?

288 암기체크 ① ② ③ ④ ⑤

간단하게 뭐 좀 먹는 게 어때요?

표현 283-288

283. Why don't you visit an art gallery?

Why don't you visit an art gallery? 미술관에 가보는 게 어때요? – I'm not really into art. 저는 미술에 별 관심이 없어요.

284. Why don't you try a new hairstyle?

I need a change. 저는 변화가 필요해요. – Why don't you try a new hairstyle? 새로운 헤어 스타일을 시도해 보는 게 어때요?

285. Why don't we go shopping?

Why don't we …?는 '우리 ~하는 게 어때요?'의 뜻으로 무언가를 함께 하자고 '제안' 할 때 써요.

286. Why don't we try a new sport?

I want to try something different. 뭔가 색다른 걸 해보고 싶어요. – Why don't we try a new sport? 새로운 스포츠를 해보는 게 어때요?

287. Why don't we take a dance class?

Why don't we take a dance class? 댄스 수업 듣는 게 어때요? – Sounds like fun. 재미있겠네요.

288. Why don't we grab a bite to eat?

grab a bite to eat은 '간단히 먹다'의 뜻이에요. / I'm feeling hungry. Why don't we grab a bite to eat? 배가 고파요. 간단하게 뭐 좀 먹는 게 어때요?

Chapter 05 의문사 패턴 02

289 암기체크 ① ② ③ ④ ⑤

당신 왜 그래요?

290 암기체크 ① ② ③ ④ ⑤

당신 눈이 왜 그래요?

291 암기체크 ① ② ③ ④ ⑤

당신 전화기가 왜 그래요?

292 암기체크 ① ② ③ ④ ⑤

이 음식은 왜 이렇죠?

293 암기체크 ① ② ③ ④ ⑤

내일 비가 오면 어쩌죠?

294 암기체크 ① ② ③ ④ ⑤

시험에 떨어지면 어쩌죠?

표현 289-294

What's wrong with you?

What's wrong with ...?는 '~은 왜 그래요?'의 뜻으로 주로 납득할 수 없는 문제가 생겼을 때 써요.

What's wrong with your eyes?

What's wrong with your eyes? 당신 눈이 왜 그래요? - I didn't get much sleep last night. 어젯밤에 잠을 잘 못 잤어요.

What's wrong with your phone?

What's wrong with your phone? 당신 전화기가 왜 그래요? - I accidentally dropped it. 실수로 떨어뜨렸어요.

What's wrong with this food?

What's wrong with this food? 이 음식은 왜 이렇죠? - I think it might have gone bad. 음식이 상한 것 같아요.

What if it rains tomorrow?

What if ...?는 '~하면 어쩌죠?'의 뜻으로 무언가를 염려할 때 쓰는 표현이에요.

What if I don't pass the test?

What if I don't pass the test? 시험에 떨어지면 어쩌죠? - Don't worry. Just do your best. 걱정하지 마세요. 그저 최선을 다해요.

Chapter 05 의문사 패턴 02

295 기차를 놓치면 어쩌죠?

296 일이 잘못되면 어쩌죠?

297 이게 무슨 의미가 있어요?

298 회의는 뭐하러 해요?

299 기다리는 게 무슨 소용이에요?

300 걱정해서 뭐해요?

표현 295-300

295 **What if we miss the train?**

What if we miss the train? 기차를 놓치면 어쩌죠? - Don't stree too much. We can take the next one. 너무 스트레스 받지 말아요. 다음 열차 타면 돼요.

296 **What if something goes wrong?**

What if something goes wrong? 일이 잘못되면 어쩌죠? - We'll be fine. Trust me. 괜찮을 거예요. 절 믿으세요.

297 **What's the point of this?**

What's the point of ...?는 '~해서 뭐해요?' 또는 '~하는 게 무슨 소용인가요?'의 뜻으로 쓰는 표현이에요.

298 **What's the point of the meeting?**

What's the point of the meeting? I feel like it's a waste of time. 회의는 뭐 하러 해요? 시간 낭비처럼 느껴져요.

299 **What's the point of waiting?**

What's the point of waiting? We've been here for ages. 기다리는 게 무슨 소용이에요? 여기에 오랫동안 있었잖아요.

300 **What's the point of worrying?**

What's the point of worrying? It doesn't change anything. 걱정해서 뭐해요? 바꿀 수 있는 게 아무 것도 없잖아요.

Chapter 06 필수 패턴

암기체크 ① ② ③ ④ ⑤

만나서 반가워요.

암기체크 ① ② ③ ④ ⑤

그 말을 들으니 기뻐요.

암기체크 ① ② ③ ④ ⑤

여기 와주셔서 기뻐요.

암기체크 ① ② ③ ④ ⑤

건강이 나이지고 있다니 기뻐요.

암기체크 ① ② ③ ④ ⑤

언제든지 편하게 전화하세요.

암기체크 ① ② ③ ④ ⑤

어떤 질문이든 편하게 하세요.

표현 301-306

I'm glad to see you.

I'm glad to ....는 '~해서 반가워요' 또는 '~해서 기뻐요'의 뜻으로 쓰는 표현이에요. / I'm glad to see you. 만나서 반가워요. - Same here. 저도요.

I'm glad to hear that.

We won the game! 우리가 이겼어요! - Awesome! I'm glad to hear that. 잘됐네요! 그 말을 들으니 기뻐요.

I'm glad to have you here.

I'm glad to have you here. 여기 오셔서 기뻐요. - Thank you for welcoming me. I'm happy to be here. 환영해주셔서 감사합니다. 여기 오게 되어 기쁘네요.

I'm glad you're feeling better.

I'm glad you're feeling better. 건강이 나아지고 있다니 기뻐요. - I appreciate your concern. 걱정해 주셔서 감사합니다.

Feel free to call me anytime.

Feel free to ....는 '편하게 ~하세요.'란 뜻의 표현이에요. / Feel free to call me anytime. I'll be happy to help. 언제든지 편하게 전화하세요. 기꺼이 도와드릴게요.

Feel free to ask any questions.

I'm a bit confused. 좀 헷갈려요. - Feel free to ask any questions. 어떤 질문이든 편하게 하세요.

Chapter 06 필수 패턴

307 암기체크 ① ② ③ ④ ⑤

언제든 편하게 제 컴퓨터를 사용하세요.

308 암기체크 ① ② ③ ④ ⑤

언제든 제 사무실에 들르세요.

309 암기체크 ① ② ③ ④ ⑤

떠날 시간이에요.

310 암기체크 ① ② ③ ④ ⑤

자러 갈 시간이에요.

311 암기체크 ① ② ③ ④ ⑤

일하러 돌아갈 시간이에요.

312 암기체크 ① ② ③ ④ ⑤

회의를 시작할 시간이에요.

표현 307-312

307 Feel free to use my computer.

Feel free to use my computer. 언제든 편하게 제 컴퓨터를 사용하세요. - Thanks. That's very kind of you. 고마워요. 정말 친절하시네요.

308 Feel free to drop by my office.

drop by는 '들르다'의 뜻이에요. / Feel free to drop by my office. 언제든 제 사무실에 들르세요. - Thanks for the offer. 제안해 주셔서 감사합니다.

309 It's time to leave.

It's time to ....는 '~할 시간이에요.'의 뜻으로 쓰는 표현이에요. / It's time to leave. The movie is about to start. 떠날 시간이에요. 영화가 곧 시작해요.

310 It's time to go to sleep.

It's time to go to sleep. 자러 갈 시간이에요. - Good night. See you in the morning. 잘 자요. 아침에 봐요.

311 It's time to get back to work.

get back to work은 '업무에 복귀하다'의 뜻이에요. / The lunch break is over. It's time to get back to work. 점심시간이 끝났네요. 일하러 돌아갈 시간이에요.

312 It's time to start the meeting.

Everyone's here. It's time to start the meeting. 모두 참석했습니다. 회의를 시작할 시간이에요. - Great. Let's get started. 좋아요. 시작합시다.

Chapter 06 필수 패턴

313 암기체크 ① ② ③ ④ ⑤

당신을 빨리 보고 싶어요.

314 암기체크 ① ② ③ ④ ⑤

빨리 휴가를 가고 싶어요.

315 암기체크 ① ② ③ ④ ⑤

여름이 정말 기다려져요.

316 암기체크 ① ② ③ ④ ⑤

주말이 정말 기다려져요.

317 암기체크 ① ② ③ ④ ⑤

문을 꼭 잠그세요.

318 암기체크 ① ② ③ ④ ⑤

가스를 꼭 끄세요.

표현 313-318

313. I can't wait to see you.

I can't wait to ....는 직역하면 '~하기를 기다릴 수 없어요.'이지만 우리말로는 '빨리 ~하고 싶어요.'의 뜻으로 쓰는 표현이에요.

314. I can't wait to go on vacation.

I can't wait to go on vacation. 빨리 휴가를 가고 싶어요. - Same here. 저도 그래요.

315. I can't wait for summer.

I can't wait for + 명사 / I can't wait for summer. 여름이 정말 기다려져요. - Me neither. It's going to be so much fun. 저도요. 정말 재미있을 거예요.

316. I can't wait for the weekend.

I can't wait for the weekend. I have some exciting plans with my friends. 주말이 정말 기다려져요. 친구들과 재미있는 계획이 있거든요.

317. Make sure to lock the door.

Make sure to ....는 '꼭 ~하세요.'의 뜻이에요. / Make sure to lock the door before you go. 가기 전에 문을 꼭 잠그세요.

318. Make sure to turn off the gas.

turn off는 '끄다'의 뜻이에요. / I'm done cooking. 요리 다 했어요. - Make sure to turn off the gas. 가스를 꼭 끄세요.

Chapter 06 필수 패턴

  암기체크 ✓ ① ② ③ ④ ⑤

선크림을 꼭 바르세요.

  암기체크 ✓ ① ② ③ ④ ⑤

여권을 꼭 갖고 가세요.

  암기체크 ✓ ① ② ③ ④ ⑤

돌아오니 정말 좋네요.

  암기체크 ✓ ① ② ③ ④ ⑤

다시 만나서 정말 반가워요.

  암기체크 ✓ ① ② ③ ④ ⑤

해변에서 쉬니까 정말 좋아요.

  암기체크 ✓ ① ② ③ ④ ⑤

가족과 함께 시간을 보내는 게 정말 좋아요.

표현 319-324

Make sure to wear sunscreen.

wear sunscreen은 '선크림을 바르다'의 뜻이에요. / If you're going hiking, make sure to wear sunscreen. 등산을 할 때는 선크림을 꼭 바르세요.

Make sure to bring your passport.

passport는 '여권'이에요. / We're leaving for the airport soon. 공항으로 곧 출발할 거예요. - Make sure to bring your passport. 여권을 꼭 갖고 가세요.

It's so nice to be back.

It's so nice to ....는 '~하니 정말 좋아요'의 뜻이에요. / Welcome back! 돌아오신 걸 환영해요! - Thanks. It's so nice to be back. 고마워요. 돌아오니 정말 좋네요.

It's so nice to see you again.

It's so nice to see you again. 다시 만나서 정말 반가워요. - Likewise. It's been too long. 저도요. 정말 오랜만이에요.

It's so nice to relax by the beach.

I love the sound of the waves. 파도 소리가 참 좋네요. - Same here, it's so nice to relax by the beach. 저도요. 해변에서 쉬니까 정말 좋아요.

It's so nice to spend time with my family.

When I'm feeling down, it's so nice to spend time with my family. 기분이 우울할 때, 가족과 함께 시간을 보내는 게 정말 좋아요.

Chapter 06 필수 패턴

325 암기체크 ① ② ③ ④ ⑤
시간 내 주셔서 감사해요.

326 암기체크 ① ② ③ ④ ⑤
도와주셔서 고마워요.

327 암기체크 ① ② ③ ④ ⑤
와주셔서 감사해요.

328 암기체크 ① ② ③ ④ ⑤
초대해 주셔서 고마워요.

329 암기체크 ① ② ③ ④ ⑤
햄버거가 먹고 싶어요.

330 암기체크 ① ② ③ ④ ⑤
산책하고 싶어요.

표현 325-330

325. Thank you for your time.

Thank you for ....는 '~해서 감사해요.'의 뜻으로 쓰는 표현이에요. / Thank you for your time. 시간 내 주셔서 감사해요. - You're welcome. 천만에요.

326. Thank you for your help.

Thank you for your help. 도와주셔서 고마워요. - I'm glad I could be of help. 도움이 될 수 있어서 기뻐요.

327. Thank you for coming.

Thank you for coming. 와주셔서 감사해요. - I'm glad I could make it. 올 수 있어서 기뻐요.

328. Thank you for inviting me.

Thank you for inviting me. 초대해 주셔서 고마워요. - It's my pleasure. 도리어 제가 기쁘죠.

329. I feel like a burger.

I feel like ....은 직역하면 '나는 ~와 같은 기분이다.'이지만, 우리말로는 '~하고 싶다.'의 뜻으로 주로 쓰여요.

330. I feel like a walk.

Any plans for today? 오늘 무슨 계획 있나요? - I feel like a walk. It's a beautiful day outside. 산책하고 싶어요. 밖에 날씨가 참 좋거든요.

Chapter 06 필수 패턴

331 암기체크 ① ② ③ ④ ⑤
태국 음식을 먹고 싶어요.

332 암기체크 ① ② ③ ④ ⑤
오늘 밤에 술 한 잔하고 싶어요.

333 암기체크 ① ② ③ ④ ⑤
비가 올 것 같아요.

334 암기체크 ① ② ③ ④ ⑤
맛있는 요리 같아 보여요.

335 암기체크 ① ② ③ ④ ⑤
그들이 바쁜 것 같아요.

336 암기체크 ① ② ③ ④ ⑤
살이 빠지신 것 같아요.

표현 331-336

331 I feel like eating Thai food.

Where should we go for dinner tonight? 오늘 저녁 식사는 어디로 갈까요? - I feel like eating Thai food. 태국 음식을 먹고 싶어요.

332 I feel like having a drink tonight.

What are you in the mood for? 뭐 하고 싶으세요? - I feel like having a drink tonight. 오늘 밤에 술 한 잔하고 싶어요.

333 It looks like rain.

It looks like ....은 '~일 것 같아요.'의 뜻으로 쓰는 표현이에요. / It looks like rain. You should take your umbrella. 비가 올 것 같아요. 우산 챙겨 가세요.

334 It looks like a tasty dish.

tasty는 '맛있는', dish는 '접시' 또는 '요리'의 뜻이에요. / It looks like a tasty dish. 맛있는 요리 같아 보여요. - I can't wait to dig in. 빨리 먹고 싶어요.

335 It looks like they're busy.

It looks like they're busy. 그들이 바쁜 것 같아요. - Yeah, let's come back later. 맞아요. 나중에 와요.

336 It looks like you've lost weight.

lose weight는 '살이 빠지다'의 뜻이에요. / It looks like you've lost weight. 살이 빠지신 것 같아요. - Yes, I have. I'm on a diet. 네, 빠졌어요. 다이어트 중이에요.

Chapter 06 필수 패턴

337 암기체크 ① ② ③ ④ ⑤

그들이 행복한 줄 알았어요.

338 암기체크 ① ② ③ ④ ⑤

비가 올 줄 알았어요.

339 암기체크 ① ② ③ ④ ⑤

당신이 일본에 있는 줄 알았어요.

340 암기체크 ① ② ③ ④ ⑤

제 이름을 들은 줄 알았어요.

341 암기체크 ① ② ③ ④ ⑤

저는 '말도 안 돼요!'라고 말했어요.

342 암기체크 ① ② ③ ④ ⑤

저는 '정말이에요?'라고 말했어요.

표현 337-342

I thought they were happy.

I thought ....는 '~인 줄 알았어요.'의 뜻으로, 주로 잘못 알고 있던 것을 말할 때 써요. 우리말을 직역해서 I knew ....를 쓰면 '~인 사실을 알았다.'의 뜻이에요.

I thought it would rain.

I thought it would rain. 비가 올 줄 알았어요. - The weather can be unpredictable. 날씨가 종잡을 수가 없어요.

I thought you were in Japan.

I thought you were in Japan. 당신이 일본에 있는 줄 알았어요. - I was, but I recently came back. 있었는데 최근에 돌아왔어요.

I thought I heard my name.

I thought I heard my name. 제 이름을 들은 줄 알았어요. - I didn't say anything. 저는 아무 말도 안 했어요.

I was like, "No way!"

I was like ....은 I said ....와 비슷하게 '~라고 말했어요.'의 뜻으로 자주 쓰는 표현이에요. No way!는 무언가를 강하게 부정할 때 써요.

I was like, "Are you serious?"

I was like, "Are you serious?" 저는 '정말이에요?'라고 말했어요. - I couldn't believe it. 저는 그걸 믿을 수 없었어요.

Chapter 06 필수 패턴

암기체크 ① ② ③ ④ ⑤

저는 '정말 재미있네요!'라고 말했어요.

암기체크 ① ② ③ ④ ⑤

저는 "믿을 수 없어요!"라고 말했어요.

암기체크 ① ② ③ ④ ⑤

그게 제가 원하는 거예요.

암기체크 ① ② ③ ④ ⑤

저도 그렇게 생각했어요.

암기체크 ① ② ③ ④ ⑤

그게 제가 의미했던 거예요.

암기체크 ① ② ③ ④ ⑤

제가 말하려던 게 바로 그거예요.

표현 343-348

343. I was like, "That's so funny!"

I was like, "That's so funny!" 저는 '정말 재미있네요!'라고 말했어요. - It was hilarious. 그거 정말 웃겼어요.

344. I was like, "I can't believe it!"

I met Tom Cruise. I was like, "I can't believe it!" 톰 크루즈를 만났어요. 저는 '믿을 수 없어요!'라고 말했어요. - Wow, that's amazing! 와, 놀라워요!

345. That's what I want.

That's what ....은 '그게 ~한 거예요.'의 뜻으로 쓰는 표현이에요. / A slice of chocolate cake. That's what I want. 초콜릿 케이크 한 조각. 그게 제가 원하는 거예요.

346. That's what I thought.

thought는 think의 과거형이에요. / I'm not feeling well today. 오늘 몸 상태가 좋지 않아요. - That's what I thought. 저도 그렇게 생각했어요.

347. That's what I meant.

meant는 mean의 과거형이에요. / We should save money. 우리는 저축을 해야 해요. - Exactly. That's what I meant. 맞아요. 그게 제가 의미했던 거예요.

348. That's what I'm talking about.

Let's have a barbecue this weekend. 이번 주말에 바비큐 파티를 합시다. - That's what I'm talking about. 제가 말하려던 게 바로 그거예요.

Chapter 06 필수 패턴

암기체크 ① ② ③ ④ ⑤

그래서 당신을 사랑하는 거예요.

암기체크 ① ② ③ ④ ⑤

그래서 그가 피곤한 거네요.

암기체크 ① ② ③ ④ ⑤

그래서 우리가 헬멧을 쓰는 거예요.

암기체크 ① ② ③ ④ ⑤

그래서 그곳이 인기가 많은 거예요.

암기체크 ① ② ③ ④ ⑤

그가 김치를 좋아할지 모르겠어요.

암기체크 ① ② ③ ④ ⑤

그녀가 올지 모르겠어요.

표현 349-354

That's why I love you.

That's why ....는 '그래서 ~한 거예요.'의 뜻이에요. / You are my best friend. That's why I love you. 당신은 최고의 친구예요. 그래서 당신을 사랑하는 거예요.

That's why he's tired.

He has been studying all day. 그는 하루 종일 공부하고 있어요. - That's why he's tired. 그래서 그가 피곤한 거네요.

That's why we wear helmets.

I have fallen off my bike before. 저는 자전거에서 떨어진 적 있어요. - That's why we wear helmets. 그래서 우리가 헬멧을 쓰는 거예요.

That's why it's so popular.

The new café has delicious coffee. 그 새 카페는 커피가 맛있어요. - That's why it's so popular. 그래서 그곳이 인기가 많은 거예요.

I don't know if he likes kimchi.

I don't know if ....는 '~인지 모르겠어요.'의 뜻이에요. / I don't know if he likes kimchi because it's spicy. 매워서 그가 김치를 좋아하지 모르겠어요.

I don't know if she'll come.

Will Jenny join us for dinner tonight? 제니가 오늘 밤 저녁 식사에 함께 할까요? - I don't know if she'll come. 그녀가 올지 모르겠어요.

Chapter 06 필수 패턴

암기체크 ① ② ③ ④ ⑤

그 상점이 문을 열었는지 모르겠어요.

암기체크 ① ② ③ ④ ⑤

시간을 낼 수 있을지 모르겠어요.

암기체크 ① ② ③ ④ ⑤

저는 비 올 때가 좋아요.

암기체크 ① ② ③ ④ ⑤

저는 당신이 웃을 때가 좋아요.

암기체크 ① ② ③ ④ ⑤

저는 무언가 새로운 것을 배울 때가 좋아요.

암기체크 ① ② ③ ④ ⑤

저는 아름다운 일몰을 볼 때가 좋아요.

표현 355-360

355 I don't know if the store is open.

Should we go to the store now? 지금 그 상점에 갈까요? - I don't know if the store is open. 그 상점이 문을 열었는지 모르겠어요.

356 I don't know if I'll have time.

Can you help me with the project? 그 프로젝트 좀 도와주실래요? - I don't know if I'll have time. 시간을 낼 수 있을지 모르겠어요.

357 I like it when it rains.

I like it when ....은 '저는 ~할 때가 좋아요.'의 뜻으로 써요. / I like it when it rains because of the sound of the rain. 비오는 소리가 좋아서 저는 비 올 때가 좋아요.

358 I like it when you smile.

I like it when you smile. 저는 당신이 웃을 때가 좋아요. - I'll smile more often then. 그럼 더 자주 웃을게요.

359 I like it when I learn something new.

You enjoy learning, don't you? 당신은 배우는 게 좋죠? - I like it when I learn something new. 저는 무언가 새로운 것을 배울 때가 좋아요. -

360 I like it when I watch the beautiful sunset.

I like it when I watch the beautiful sunset. 저는 아름다운 일몰을 볼 때가 좋아요. - I can relate. 공감해요.

Chapter 07 관용 표현

그래요.

그럼요.

좋아요.

여기요.

축하해요!

괜찮아요.

표현 361-366

361. Okay.

Okay.와 All right.은 상대방의 질문에 긍정으로 답할 때 쓸 수 있는 만능표현이에요. / Can we meet at 3 p.m.? 오후 3시에 만날 수 있을까요? - Okay. 그래요.

362. Sure.

Sure.는 주로 상대의 '부탁'이나 '요청'에 흔쾌하게 답할 때 써요. / Give me a call. 전화 주세요. - Sure, I will. 그럼요. 그럴게요.

363. Good.

Good.는 '좋아요.' 또는 '잘됐네요.'의 뜻으로 쓰는 표현이에요. / How are you today? 오늘 어때요? - Good. How about you? 좋아요. 당신은요?

364. Here.

물건을 건네줄 때, Here. 또는 Here you go.를 쓸 수 있어요. / Could you pass me the menu? 메뉴 좀 건네주실래요? - Here. / Here you go. 여기요.

365. Congratulations!

Congratulation!은 틀린 표현이에요. 꼭 끝에 -s를 붙여 말하세요. / I got promoted. 저 승진했어요. - Congratulations! 축하해요!

366. No problem.

고맙다는 말에도, 미안하다는 말에도 모두 No problem.으로 답할 수 있어요. / Sorry I'm late. 늦어서 죄송해요. - No problem. 괜찮아요.

Chapter 07 관용 표현

367 하세요.

368 네, 주세요.

369 먼저 하세요.

370 진정하세요.

371 기운 내세요!

372 행운을 빌어요.

묻지 말고, 따지지 말고, 무조건 외워야 할 **영어표현 암기노트**

표현 367-372

367 Go ahead.

Go ahead.는 직역하면 '앞으로 가세요.'예요. 상대방에게 '진행'하라는 뜻으로 써요. / Is this seat taken? 이 자리 누가 앉았나요? - No, go ahead. 아뇨, 앉으세요.

368 Yes, please.

상대방의 '권유'에 응할 때는 Yes, please., 아닐 때는 No, thanks.를 써요. / Would you like some more salad? 샐러드 좀 더 드실래요? - Yes, please. 네, 주세요.

369 After you.

After you.는 직역하면 '당신 다음에.'인데, 상대방에게 먼저 하라고 '양보'할 때 써요. / Please, go ahead. 하세요. - No, after you. 아뇨, 먼저 하세요.

370 Calm down.

calm은 '가라앉다'의 뜻이에요. 철자 l이 묵음이라 /카-암/에 가깝게 발음해요. / I can't find my phone! 휴대폰을 찾을 수가 없어요! - Calm down. 진정하세요.

371 Cheer up!

cheer는 '기운이 나다'의 뜻이에요. / I'm really stressed about work. 일 때문에 정말 스트레스 받아요. - Cheer up! 기운 내세요!

372 Good luck.

luck는 '행운'을 뜻해요. / I have a big job interview tomorrow. 내일 중요한 면접이 있어요. - Good luck. You'll do great. 행운을 빌어요. 잘 하실 거예요.

Chapter 07 관용 표현

373 암기체크 ① ② ③ ④ ⑤

잘했어요!

374 암기체크 ① ② ③ ④ ⑤

그랬어요?

375 암기체크 ① ② ③ ④ ⑤

당신도요.

376 암기체크 ① ② ③ ④ ⑤

재미있게 보내세요.

377 암기체크 ① ② ③ ④ ⑤

저도 안 그래요.

378 암기체크 ① ② ③ ④ ⑤

제 잘못이에요.

표현 373-378

373 Good job!

비슷한 표현으로 Well done!, Nice work!, Way to go! 등이 있어요. / I completed the project on time. 제시간에 프로젝트를 마쳤어요. – Good job. 잘했어요!

374 Did you?

상대방의 말에 '맞장구' 칠 때 써요. / I saw a shooting star. 저 별똥별 봤어요. – Did you? 그랬어요? / I'm feeling down. 기분이 안 좋아요. – Are you? 그래요?

375 You too.

Me too.는 '저도요.', You too.는 '당신도요.'의 뜻으로 쓰는 표현이에요. / Enjoy your meal. 식사 맛있게 하세요. – Thanks. You too. 고맙습니다. 당신도요.

376 Have fun.

fun은 명사로 '재미'를 뜻해요. 반면 funny는 형용사로 '웃기는'을 뜻해요. / I'm going to a concert tonight. 오늘 밤에 콘서트 가요. – Have fun. 재미있게 보내세요.

377 Me neither.

상대방의 말에 not이 들어간 경우, '저도요.'로 Me too. 대신 Me neither.를 써요. / I don't like this movie. 이 영화가 마음에 안 들어요. – Me neither. 저도요.

378 My bad.

비슷한 표현으로 My mistake., My fault.를 써요. / You took my charger. 당신이 내 충전기를 가져갔어요. – I'm sorry. My bad. 미안해요. 제 잘못이에요.

Chapter 07 관용 표현

379 암기체크 ① ② ③ ④ ⑤

신경 쓰지 마세요.

380 암기체크 ① ② ③ ④ ⑤

저쪽에요.

381 암기체크 ① ② ③ ④ ⑤

저도요.

382 암기체크 ① ② ③ ④ ⑤

언제부터요?

383 암기체크 ① ② ③ ④ ⑤

많이 드세요.

384 암기체크 ① ② ③ ④ ⑤

돈이면 다 돼요.

표현 379-384

379 Never mind.

상대방에게 별 거 아니니 신경 쓰지 않아도 된다고 말할 때 써요. / What did you say? 뭐라고 하셨죠? - Nothing. Never mind. 아니에요. 신경 쓰지 마세요.

380 Over there.

'이쪽에요.'라고 할 때는 Over here.를 써요. / Where can I find a restroom? 화장실은 어디 있나요? - Over there, by the entrance. 저쪽, 입구 옆에요.

381 Same here.

Same here.는 Me too., Me neither와 달리, 긍정, 부정에 상관없이 쓸 수 있어요. / I'd like an iced Americano. 아이스 아메리카노 주세요. - Same here. 저도요.

382 Since when?

since는 '~이후로 지금까지'의 뜻이에요. / I don't drink anymore. 저 더 이상 술 안 마셔요. - Since when? 언제부터요?

383 Help yourself.

'스스로를 도우세요.'의 뜻으로 알아서 직접 먹으라는 뜻이에요. / Can I have some? 좀 먹어도 될까요? - Of course. Help yourself. 물론이죠. 많이 드세요.

384 Money talks.

직역하면 '돈이 말을 한다.'로 돈이면 안되는 일이 없다는 뜻의 표현이에요. / When it come to business, money talks. 사업에 관한 한 돈이면 다 돼요.

Chapter 07 관용 표현

385 암기체크 ① ② ③ ④ ⑤

그러지 않으셔도 돼요.

386 암기체크 ① ② ③ ④ ⑤

이렇게요?

387 암기체크 ① ② ③ ④ ⑤

조심해요!

388 암기체크 ① ② ③ ④ ⑤

좋겠어요!

389 암기체크 ① ② ③ ④ ⑤

셋에 할게요.

390 암기체크 ① ② ③ ④ ⑤

안전 벨트 매세요.

표현 385-390

Don't bother.

bother는 '신경 쓰다'의 뜻이에요. / I can drive you to the station. 역까지 차로 데려다 드릴게요. - Don't bother. 그러지 않으셔도 돼요.

Like this?

like은 전치사로 '~처럼'을 뜻해요. / How do I tie this knot? Like this? 이 매듭을 어떻게 매죠? 이렇게요? - Perfect! 완벽해요!

Watch out!

비슷한 뜻의 표현으로 Look out!이 있어요. / Watch out! The road is icy. 조심해요! 도로가 빙판이에요. - Thanks. I'll slow down. 고마워요. 속도를 줄일게요.

Lucky you!

Lucky you.는 상대방에게 좋은 일이 생겼을 때 쓰는 표현이에요. / I won a free trip to Hawaii. 하와이 무료 여행에 당첨됐어요. - Lucky you! 좋겠어요!

On three.

무언가를 준비하고, 셋을 세고 시작할 때 써요. / Are you ready for the race? On three. One, two, three! 경주할 준비가 되셨나요? 셋에 할게요. 하나, 둘, 셋!

Buckle up.

buckle은 '버클로 잠그다'의 뜻이에요. / Buckle up. 안전 벨트 매세요. - Don't worry. I've already done it. 걱정 마세요. 이미 맸어요.

Chapter 07 관용 표현

391 아닐 것 같아요.

392 그러면 좋겠어요.

393 그럴 줄 알았어요.

394 사양할게요.

395 한 번 해 볼게요.

396 저도 할게요.

표현 391-396

391 I doubt it.

doubt는 '의심하다'의 뜻이에요. b는 발음하지 않아요. / Do you think he'll win? 그가 이길 것 같아요? - I doubt it. 아닐 것 같아요.

392 I hope so.

어떤 일이 일어날 가능성에 대해 긍정적으로 답할 때 쓰는 표현이에요. / Will it be sunny tomorrow? 내일 날씨가 맑을까요? - I hope so. 그러면 좋겠어요.

393 I knew it.

I knew it.은 어떤 일이 예상했던대로 그대로 일어났을 때 써요. / The concert is sold out. 콘서트가 매진되었어요. - I knew it. 그럴 줄 알았어요.

394 I'll pass.

pass는 '지나가다'의 뜻이에요. 상대방의 '권유'나 '제안'을 거절할 때 써요. / Let's go shopping. 쇼핑 가요. - I'll pass this time. 이번엔 사양할게요.

395 I'll try.

try는 '시도하다'의 뜻해요. / Can you fix my bike? 제 자전거 고칠 수 있겠어요? - I'll try. 한 번 해 볼게요.

396 I'm down.

I'm down.은 상대방의 제안에 동의할 때 쓰는 표현이에요. / How about going for a bike ride? 자전거 타러 갈래요? - I'm down. 저도 할게요.

Chapter 07 관용 표현

암기체크 ① ② ③ ④ ⑤

전 괜찮아요.

암기체크 ① ② ③ ④ ⑤

한번 해보세요.

암기체크 ① ② ③ ④ ⑤

잘됐네요!

암기체크 ① ② ③ ④ ⑤

조금만 견뎌요!

암기체크 ① ② ③ ④ ⑤

그러고 싶어요.

암기체크 ① ② ③ ④ ⑤

나중에 해도 돼요.

표현 397-402

397. I'm good.

상대방의 제안을 부드럽게 거절할 때 쓰는 표현이에요. / Can I give you a hand? 도와드릴까요? - I'm good, thanks. 전 괜찮아요. 감사합니다.

398. Give it a try.

상대방에게 새로운 것을 시도해보라고 권할 때 쓰는 표현이에요. / I've never traveled alone. 저는 혼자 여행해 본 적이 없어요. - Give it a try. 한번 해보세요.

399. Good for you!

좋은 일이 생긴 상대방을 축하해 줄 때 쓰는 표현이에요. / I quit smoking. 저 담배 끊었어요. - Good for you! 잘됐네요!

400. Hang in there!

힘든 일을 겪고 있는 사람을 응원해 줄 때 써요. / I've been trying to quit smoking. 담배를 끊으려 노력하고 있어요. - Hang in there! 조금만 견뎌요!

401. I'd love to.

I would love to.의 축약형으로 상대방의 제안을 수락할 때 써요. / Do you want to try bungee jumping? 번지 점프 해볼래요? - I'd love to. 그러고 싶어요.

402. It can wait.

직역하면 '그것은 기다릴 수 있다.'인데, 미뤄도 되는 급하지 않은 일을 말할 때 써요. / Should I do it now? 그걸 지금해야 하나요? - It can wait. 나중에 해도 돼요.

Chapter 07 관용 표현

암기체크 ✓ ① ② ③ ④ ⑤

상황에 따라 달라요.

암기체크 ✓ ① ② ③ ④ ⑤

상관없어요.

암기체크 ✓ ① ② ③ ④ ⑤

혹시 몰라서요.

암기체크 ✓ ① ② ③ ④ ⑤

계속 그렇게 하세요.

암기체크 ✓ ① ② ③ ④ ⑤

쉬엄쉬엄하세요.

암기체크 ✓ ① ② ③ ④ ⑤

그게 다예요.

표현 403-408

403 It depends.

depend는 '~에 달려있다'의 뜻이에요. / Will the package arrive on time? 소포가 제시간에 도착할까요? - It depends. 상황에 따라 달라요.

404 It doesn't matter.

matter는 동사로 '중요하다'란 뜻이에요. / Do you want tea or coffee? 차를 마실래요, 커피를 마실래요? - It doesn't matter. 상관없어요.

405 Just in case.

직역하면 '만약의 경우에 대비해서'의 뜻이에요. / Why are you taking your umbrella? 왜 우산을 챙겨가세요? - Just in case. 혹시 몰라서요.

406 Keep it up.

지금까지 잘해왔으니 앞으로도 계속 이어가라고 격려하는 표현이에요. / You're doing great. Keep it up. 잘하고 있어요. 계속 그렇게 하세요.

407 Take it easy.

무리하지 말고 천천히 쉬어가며 하라고 권하는 표현이에요. / I have so much work to do today. 오늘 할일이 엄청 많아요. - Take it easy. 쉬엄쉬엄하세요.

408 That's all.

상대방에게 원하는 것이 모두 충족되었다고 말할 때 쓰는 표현이에요. / Do you need anything else? 더 필요한 거 있으세요? - That's all. 그게 다예요.

Chapter 07 관용 표현

409 암기체크 ① ② ③ ④ ⑤

지금 아니면 안 돼요!

410 암기체크 ① ② ③ ④ ⑤

그렇기도 하고, 아니기도 해요.

411 암기체크 ① ② ③ ④ ⑤

아쉽네요!

412 암기체크 ① ② ③ ④ ⑤

천천히 하세요.

413 암기체크 ① ② ③ ④ ⑤

그건 모르는 일이죠.

414 암기체크 ① ② ③ ④ ⑤

식은 죽 먹기에요.

표현 409-414

409 Now or never!

이번이 마지막 기회일 수 있다는 뜻으로 써요. / I have an opportunity to travel abroad. 해외 여행을 할 기회가 생겼어요. - Now or never! 지금 아니면 안 돼요!

410 Yes and no.

확실하게 예 또는 아니오라고 말하기 힘들 때 주로 써요. / Did you enjoy the movie? 영화 재밌었나요? - Yes and no. 그렇기도 하고, 아니기도 해요.

411 What a pity!

pity는 '유감스러운 일'의 뜻이에요. / The concert got canceled due to bad weather. 날씨가 안 좋아서 콘서트가 취소됐어요. - What a pity! 아쉽네요!

412 Take your time.

급해 보이는 상대방에게 서두르지 말라고 할 때 쓰는 표현이에요. / I'm choosing a gift. 선물을 고르고 있어요. - Take your time. 천천히 하세요.

413 You never know.

어떤 일이 일어날지는 누구도 알 수 없다고 할 때 써요. / Anything can happen. You never know. 무슨 일이든 일어날 수 있어요. 그건 모르는 일이죠.

414 A piece of cake.

영어는 '케이크 한 조각'으로 쉬운 일을 비유해요. / Is the project difficult? 프로젝트가 힘든가요? - Not at all. A piece of cake. 전혀요. 식은 죽 먹기에요.

Chapter 07 관용 표현

415 암기체크 ① ② ③ ④ ⑤

아무거나 괜찮아요.

416 암기체크 ① ② ③ ④ ⑤

아주 좋아요.

417 암기체크 ① ② ③ ④ ⑤

아마도 다음에요.

418 암기체크 ① ② ③ ④ ⑤

당신이 알아서 하세요.

419 암기체크 ① ② ③ ④ ⑤

저는 못가요.

420 암기체크 ① ② ③ ④ ⑤

빠를수록 좋아요.

표현 415-420

415. Anything will do.

do는 '충분하다'의 뜻이 있어요. / What do you want for dinner? 저녁으로 뭘 드실래요? - Anything will do. 아무거나 괜찮아요.

416. Couldn't be better.

더 나을 수가 없을 정도로 어떤 것이 정말 좋을 때 써요. / How's your new car? 새로 산 차 어때요? - It's amazing! Couldn't be better. 최고예요! 아주 좋아요.

417. Maybe next time.

Would you like to grab lunch together? 점심 같이 드실래요? - I'm busy right now. Maybe next time. 지금은 바빠요. 아마도 다음에요.

418. It's up to you.

상대방에게 모든 결정권을 넘길 때 써요. / Should we order pizza or Chinese food? 피자 시킬까요, 중국음식 시킬까요? - It's up to you. 당신이 알아서 하세요.

419. I can't make it.

make it은 '제시간에 도착하다'의 뜻이에요. / Are you coming to the party? 파티에 오나요? - I'm sorry, but I can't make it. 죄송하지만 저는 못 가요.

420. The sooner, the better.

'The 비교급, the 비교급'은 '~할수록 더 ...하다'의 뜻이에요. / When should we leave? 언제 출발해야 하나요? - The sooner, the better. 빠르면 빠를수록 좋아요.

Chapter 08 필수 표현

421 암기체크 ① ② ③ ④ ⑤

만나서 반가워요.

422 암기체크 ① ② ③ ④ ⑤

저는 제이슨 밀러예요.

423 암기체크 ① ② ③ ④ ⑤

제이라고 불러주세요.

424 암기체크 ① ② ③ ④ ⑤

이쪽은 제 아내 에밀리예요.

425 암기체크 ① ② ③ ④ ⑤

이름을 못 들었어요.

426 암기체크 ① ② ③ ④ ⑤

이름이 좋네요.

표현 421-426

421. Nice to meet you.

처음 만났을 때 하는 인사말로 It's nice to meet you.의 줄임표현이에요. / Hi. Nice to meet you. 안녕하세요? 만나서 반갑습니다. - Likewise. 저도요.

422. I'm Jason Miller.

Hello. I'm Jason Miller. 안녕하세요? 저는 제이슨 밀러예요. - Hello, Mr. Miller. Pleasure to meet you. 안녕하세요? 밀러 씨. 만나서 반갑습니다.

423. Please call me Jay.

call은 '~라고 부르다'의 뜻이에요. / Hi, I'm Jason. But please call me Jay. 안녕하세요, 전 제이슨이에요. 그냥 제이라고 불러주세요.

424. This is my wife, Emily.

상대방에게 누군가를 소개할 때 This is ...를 써요. / This is my wife, Emily. 이쪽은 제 아내 에밀리에요. - Nice to meet you, Emily. 만나서 반가워요, 에밀리.

425. I didn't catch your name.

catch는 '알아듣다, 이해하다'의 뜻이에요. / Sorry, I didn't catch your name. 죄송합니다만, 이름을 못 들었어요. - No problem. I'm Sarah. 괜찮아요. 전 사라예요.

426. That's a nice name.

Your name is nice.를 쓰기도 해요. / This is my daughter, Olivia. 제 딸 올리비아예요. - Hi, Olivia. That's a nice name. 안녕, 올리비아. 이름이 좋구나.

Chapter 08 필수 표현

427 암기체크 ① ② ③ ④ ⑤

나이처럼 보이지 않아요.

428 암기체크 ① ② ③ ④ ⑤

이 근처에서 사세요?

429 암기체크 ① ② ③ ④ ⑤

저는 한국에서 왔어요.

430 암기체크 ① ② ③ ④ ⑤

저는 영어를 잘 못해요.

431 암기체크 ① ② ③ ④ ⑤

여기는 무슨 일로 오셨어요?

432 암기체크 ① ② ③ ④ ⑤

무슨 일을 하세요?

표현 427-432

427. You don't look your age.

상대방이 나이에 비해 어려보일 때 써요. / You don't look your age. 나이처럼 보이지 않아요. - Well, age is just a number, right? 음, 나이는 숫자일 뿐이겠죠?

428. Are you from around here?

Do you live around here?도 같은 뜻이에요. / Are you from around here? 이 근처에 사세요? - Yes, I was born and raised here. 네, 여기서 나서 자랐어요.

429. I come from Korea.

같은 뜻으로 I'm from Korea.도 써요. / Nice to meet you. Where are you from? 만나서 반가워요. 어디서 오셨나요? - I come from Korea. 저는 한국에서 왔어요.

430. My English isn't very good.

Your English is impressive! 영어를 참 잘하시네요! - Thank you, but actually, my English isn't very good. 감사합니다만, 사실, 저는 영어를 잘 못해요.

431. What brings you here?

직역하면 '무엇이 당신을 이곳으로 데려왔나요?'예요. / What brings you here? 여기는 무슨 일로 오셨어요? - I'm here on vacation. 휴가 왔어요.

432. What do you do?

직업을 물을 때 What's your job?은 다소 딱딱한 느낌이라 잘 쓰지 않아요. / So, what do you do? 저기, 무슨 일 하세요? - I'm a hairdresser. 저는 미용사예요.

Chapter 08 필수 표현

어떻게 지내세요?

오랜만이에요.

꽤 좋아요. 당신은요?

잘 지내요.

뭐 해요?

별일 없어요.

표현 433-438

How's it going?

여기서 it은 '그것'이 아니라 '전반적인 상황'을 가리켜요. / How's it going? 어떻게 지내세요? - Really busy. How about you? 정말 바빠요. 당신은 어때요?

It's been a while.

a while은 '얼마 동안'의 뜻이에요. / Long time no see. 오랜만이에요. - Yeah, it's been a while. 네, 오랜만이에요.

Pretty good. You?

How로 시작하는 '안부질문'에 언제든 쓸 수 있는 만능답변이에요. / How's your new job going? 새 직장은 어때요? - Pretty good. You? 꽤 좋아요, 당신은요?

I'm doing great.

do는 동사로 '살아가다, 지내다'의 뜻으로 써요. / How are you doing? 잘 지내요? - I'm doing great. 잘 지내요.

What are you up to?

What are you up to?는 What are you doing?과 같은 뜻으로 쓰는 표현이에요. / What are you up to? 뭐 해요? - Just relaxing at home. 그냥 집에서 쉬어요.

Nothing much.

비슷한 표현으로 Not much., Nothing special.이 있어요. / Any plans for the weekend? 주말에 무슨 계획 있어요? - Not really, nothing much. 아뇨, 별일 없어요.

Chapter 08 필수 표현

439

암기체크 ① ② ③ ④ ⑤

맨날 똑같아요.

440

암기체크 ① ② ③ ④ ⑤

바쁘게 지내요.

441

암기체크 ① ② ③ ④ ⑤

벌써 시간이 이렇게 되었네요.

442

암기체크 ① ② ③ ④ ⑤

이제 가봐야겠어요.

443

암기체크 ① ② ③ ④ ⑤

잘가요.

444

암기체크 ① ② ③ ④ ⑤

몸 건강하세요.

표현 439-444

Same as usual.

비슷한 뜻의 표현으로 Same as always.가 있어요. / What did you do today? 오늘 뭐 하셨어요? - Same as usual. 맨날 똑같아요.

Keeping busy.

I'm keeping busy.의 줄임표현이에요. / How have you been? 어떻게 지내셨어요? - Keeping busy. What about you? 바쁘게 지내요. 당신은요?

Well, Look at the time.

Sorry, I have to go. 미안하지만, 가봐야겠어요. - Well, look at the time. It's getting late. 벌써 시간이 이렇게 되었네요. 늦었어요.

I should get going.

It's getting late. I should get going. 늦었네요. 가봐야겠어요. - No problem, thanks for coming. Drive safely. 그래요, 와줘서 고마워요. 운전 조심하시구요.

Bye.

Bye.는 대표적인 작별인사예요. 격식을 갖춰 말할 때는 Goodbye.를 써요. / Bye. 잘 가요. - Goodbye. Have a nice evening. 잘가요. 좋은 저녁되세요.

Take care.

스스로 몸을 살피라는 뜻의 Take care of yourself.를 줄인 표현이에요. / It was nice seeing you. Take care. 만나서 반가웠어요. 몸 건강하세요. - Likewise. 저도요.

Chapter 08 필수 표현

암기체크 ① ② ③ ④ ⑤

나중에 봐요.

암기체크 ① ② ③ ④ ⑤

연락하고 지내요.

암기체크 ① ② ③ ④ ⑤

좋은 시간 보내세요.

암기체크 ① ② ③ ④ ⑤

즐거운 여행되세요.

암기체크 ① ② ③ ④ ⑤

뭐라고 하셨죠?

암기체크 ① ② ③ ④ ⑤

이해가 안 돼요.

표현 445-450

See you later.

비슷한 표현으로 See you soon., See you next time. 등이 있어요. / See you later. 나중에 봐요. - Bye. See you later. 잘가요. 나중에 봐요.

Let's keep in touch.

keep in touch는 '연락을 유지하다'란 뜻이에요. / Let's keep in touch. 연락하고 지내요. - For sure! Take care. 그럼요! 잘 가요.

Have a good one.

one은 day, time, weekend 등을 대신해서 쓸 수 있어요. / Have a good one. 좋은 시간 보내세요. - Thanks, you too. 고마워요, 당신도요.

Enjoy your trip.

여행을 떠나는 사람에게 쓰는 표현이에요. / Enjoy your trip. 즐거운 여행되시고요. - Thanks. I'm really looking forward to it. 고마워요. 정말 기대하고 있어요.

Excuse me?

상대방의 말을 못 들었을 때 써요. 비슷한 표현으로 Pardon?, Sorry?가 있어요. / You can't park here. 여기 주차하시면 안돼요. - Excuse me? 뭐라고 하셨죠?

I don't get it.

get은 '이해하다'의 뜻이에요. / Can you explain this to me? I don't get it. 이거 좀 설명해 주실래요? 이해가 안 돼요. - Sure, I will. 네, 그럴게요.

Chapter 08 필수 표현

451 암기체크 ① ② ③ ④ ⑤

저게 뭐죠?

452 암기체크 ① ② ③ ④ ⑤

그게 무슨 뜻이죠?

453 암기체크 ① ② ③ ④ ⑤

정말 감사해요.

454 암기체크 ① ② ③ ④ ⑤

정말 친절하시네요.

455 암기체크 ① ② ③ ④ ⑤

저도 기뻐요.

456 암기체크 ① ② ③ ④ ⑤

몸 둘 바를 모르겠어요.

표현 451-456

451 What's that?

I see a bright light in the sky. What's that? 하늘에서 밝은 빛이 보여요. 저게 뭐죠? - It's a shooting star! Make a wish. 별똥별이에요! 소원을 비세요.

452 What does that mean?

What does that mean? 그게 무슨 뜻이죠? - It means the food is okay for vegans. 그 음식은 채식주의자에게 괜찮다는 뜻이에요.

453 Thank you so much.

You helped me out a lot. Thank you so much. 저를 많이 도와주셨어요. 정말 감사해요. - You're welcome. 천만에요.

454 That's very kind of you.

도움을 준 사람에게 하는 감사의 표현이에요. / That's very kind of you. 정말 친절하시네요. - I'm happy to help. 도움이 되어 기뻐요.

455 It's my pleausre.

it's를 생략하고, My pleasure.라고 쓰기도 해요. / Thank you for the invitation. 초대해주셔서 고마워요. - It's my pleasure. 저도 기뻐요.

456 I'm so flattered.

flattere는 원래 '아첨하다'의 뜻이에요. / Thank you for the compliment. I'm so flattered. 칭찬해 주셔서 감사해요. 몸 둘 바를 모르겠어요.

Chapter 08 필수 표현

457 암기체크 ✓ ① ② ③ ④ ⑤

정말 죄송해요.

458 암기체크 ✓ ① ② ③ ④ ⑤

그거 죄송해요.

459 암기체크 ✓ ① ② ③ ④ ⑤

용서해 주세요.

460 암기체크 ✓ ① ② ③ ④ ⑤

괜찮아요.

461 암기체크 ✓ ① ② ③ ④ ⑤

어떻게 생각하세요?

462 암기체크 ✓ ① ② ③ ④ ⑤

어떻게 됐나요?

표현 457-462

I'm so sorry.

I made a mistake. I'm so sorry. 제가 실수했네요. 정말 죄송해요. - No worries. 괜찮아요.

Sorry about that.

I'm sorry about that.의 줄임 표현이에요. / I spilled coffee on the table. Sorry about that. 탁자에 커피를 쏟았어요. 그거 죄송해요. - It's okay. 괜찮아요.

Please forgive me.

forgive는 '용서하다'의 뜻이에요. / I forgot your birthday. Please forgive me. 생일을 깜빡했어요. 용서해주세요. - It's disappointing. 실망스럽네요.

No worries.

I forgot to bring the charger. I apologize. 충전기 갖고 오는 거 깜빡했어요. 사과 드려요. - No worries. I have an extra one. 괜찮아요. 여분이 있어요.

What do yo think?

우리말을 직역해서 How do you think?라고 하지 않아요. '생각하는 방법'이 아니라 '생각하고 있는 내용'을 묻는 표현이기 때문이에요.

How did it go?

go는 '진행되다'의 뜻이에요. / I had a job interview today. 오늘 취업 면접을 봤어요. - How did it go? 어떻게 됐나요?

Chapter 08 필수 표현

암기체크 ✓ ① ② ③ ④ ⑤

무슨 내용이에요?

암기체크 ✓ ① ② ③ ④ ⑤

찬성이에요, 반대예요?

암기체크 ✓ ① ② ③ ④ ⑤

그런 것 같아요.

암기체크 ✓ ① ② ③ ④ ⑤

그 심정 알아요.

암기체크 ✓ ① ② ③ ④ ⑤

같은 생각이에요.

암기체크 ✓ ① ② ③ ④ ⑤

전적으로 동의해요.

표현 463-468

What's it about?

영화나 소설 등 어떤 것의 '내용'을 물을 때 써요. / I watched a new movie last night. 어젯밤에 새로 나온 영화를 봤어요. - What's it about? 무슨 내용이에요?

Are you for or against?

for는 '찬성', against는 '반대'를 뜻해요. / Are you for or against? 찬성이에요, 반대예요? - I'm for it. 찬성이에요. / I'm aginst it. 반대예요.

I think so.

반대되는 뜻으로 I don't think so.를 써요. / Can I wear jeans to the party? 파티에 청바지를 입고가도 되나요? - I think so. 그런 것 같아요.

I hear you.

I hear you.는 상대방에게 공감할 때 '그 심정 알아요.'의 뜻으로 써요. / I don't know what to do. 무얼 해야할 지 모르겠어요. - I hear you. 그 심정 알아요.

I'm with you.

I agree with you.와 같은 뜻으로 상대방에 '동의'할 때 써요. We should start saving money. 우리는 돈을 모으기 시작해야 해요. - I'm with you. 같은 생각이에요.

I totally agree.

totally는 '전적으로, 완전히'의 뜻이에요. / Coffee is essential for starting the day. 하루를 시작하는데 커피는 필수죠. - I totally agree. 전적으로 동의해요.

Chapter 08 필수 표현

469 암기체크 ① ② ③ ④ ⑤

저는 동의하지 않아요.

470 암기체크 ① ② ③ ④ ⑤

전적으로 동의하지 않아요.

471 암기체크 ① ② ③ ④ ⑤

일부러 그런 건 아니에요.

472 암기체크 ① ② ③ ④ ⑤

어쩔 수 없었어요.

473 암기체크 ① ② ③ ④ ⑤

제 말 끝까지 들어보세요.

474 암기체크 ① ② ③ ④ ⑤

말해보세요.

표현 469-474

I don't agree.

비슷한 표현으로 I disagree.가 있어요. / Pizza is the best food ever! 피자는 최고의 음식이에요! - Sorry, I don't agree. 죄송하지만, 저는 동의하지 않아요.

I totally disagree.

I think we should increase the prices. 가격을 올려야 한다고 생각해요. - I totally disagree. 전적으로 동의하지 않아요.

I didn't mean it.

mean은 '의도하다'의 뜻이에요. / Why did you lie to me? 왜 저한테 거짓말 했어요? - I'm sorry. I didn't mean it. 죄송해요. 일부러 그런 건 아니에요.

I had no choice.

'직역하면 '다른 선택(choice)은 없었다.'예요. / Why did you make that decision? 왜 그런 결정을 내렸나요? - I had no choice. 어쩔 수 없었어요.

Hear me out.

out은 '끝까지, 완전히'의 뜻이 있어요. / I have an idea. Hear me out. 아이디어가 있어요. 제 말 끝까지 들어보세요. - Sure, go ahead. 네, 하세요.

I'm listening.

I'm listening.은 '듣고 있어요.' 외에 들을테니 '말해보세요.'란 뜻으로도 써요. / I have a secret. 비밀이 있어요. - I'm listening. 말해보세요.

Chapter 08 필수 표현

475 암기체크 ① ② ③ ④ ⑤

좋은 생각이에요.

476 암기체크 ① ② ③ ④ ⑤

일리 있는 말이네요.

477 암기체크 ① ② ③ ④ ⑤

생각 좀 해 볼게요.

478 암기체크 ① ② ③ ④ ⑤

저는 좋아요.

479 암기체크 ① ② ③ ④ ⑤

오해하지 마세요.

480 암기체크 ① ② ③ ④ ⑤

이제 그만 하시죠.

표현 475-480

Good call.

call은 명사로 '전화' 외에 '판단'이란 뜻으로도 쓰여요. / We should take the train. 우리는 기차를 타야해요. - Good call. 좋은 생각이에요.

That makes sense.

make sense는 '말이 되다'의 뜻이에요. / It's better to study a little every day. 매일 조금씩 공부하는 게 나아요. - That makes sense. 일리 있는 말이네요.

I'll think about it.

상대방의 제안을 거절하는 상황에서 주로 써요. / Would you like to go on a trip next month? 다음 달에 여행 갈래요? - I'll think about it. 생각해 볼게요.

That's fine with me.

상대방의 제안에 동의할 때 쓰는 표현이에요. / Can we go for Italian food? 이탈리아 음식 먹으러 가도 될까요? - That's fine with me. 저는 좋아요.

Don't get me wrong.

Don't misunderstand.와 비슷한 뜻이에요. / You don't like pizza? 피자 안 좋아하세요? - Don't get me wrong. I'm just full. 오해하지 마세요. 그냥 배불러서요.

Let's agree to disagree.

직역하면 '동의하지 않는 것에 동의하시죠.'예요. 이 표현은 의견이 달라 논쟁이 계속되는 상황에서 서로의 의견이 다름을 존중하자고 할 때 써요.

Chapter 09 감정 표현

481 와!

482 아깝네요!

483 믿기질 않네요!

484 정말요?

485 어떡해요!

486 제발 그러지 마세요.

표현 481-486

Yay!

Yay!는 기쁜 일이 생겼을 때 쓰는 감탄사예요. / I got the job! 저 취직했어요! - Yay! Congratulations! 와! 축하해요!

Almost!

almost는 '거의'의 뜻이에요. 거의 이루어질 뻔 했던 일에 써요. / I missed the bus by a few seconds. 몇 초 차이로 버스를 놓쳤어요. - Almost! 아깝네요!

Unbelievable!

비슷한 표현으로 Incredible!이 있어요. / I saw the president at the mall today. 오늘 몰에서 대통령을 봤어. - Unbelievable! 믿기질 않네요!

For real?

비슷한 표현으로 Really?, Seriously?, No way! 등이 있어요. / We won the competition. 우리가 경기에서 이겼어요. - For real? That's amazing. 정말요? 대단해요.

Oh, no!

Oh, no! I burned the dinner. 어떡해요! 저녁을 태워 버렸어요. - It's okay. We can order takeout. 괜찮아요. 포장음식을 주문하면 돼요.

Please, don't.

하지 말라고 부탁할 때 쓰는 표현이에요. / Can I smoke in your car? 차에서 담배 피워도 될까요? - Please, don't. 제발 그러지 마세요.

Chapter 09 감정 표현

487 암기체크 ① ② ③ ④ ⑤

정신 차려요!

488 암기체크 ① ② ③ ④ ⑤

철 좀 들어요!

489 암기체크 ① ② ③ ④ ⑤

세상에!

490 암기체크 ① ② ③ ④ ⑤

당신 미쳤어요?

491 암기체크 ① ② ③ ④ ⑤

참 한심하네요.

492 암기체크 ① ② ③ ④ ⑤

어딜 감히!

표현 487-492

487. Get real!

real은 '현실적인'이에요. 직역하면 '현실적이 되라!'의 뜻이죠. / I'm going to quit my job. 일을 그만둘 거예요. - Get real! 정신 차려요!

488. Grow up!

grow up은 '자라다, 철이 들다'란 뜻이에요. / I don't want to eat vegetables. 저는 채소를 먹고 싶지 않아요. - Grow up! 철 좀 들어요!

489. Oh my goodness!

Oh my God!를 순화한 표현이에요. Oh my gosh!도 같은 뜻이에요. / I'm going to be a parent! 저 부모가 돼요! - Oh my goodness! 세상에!

490. Are you nuts?

nuts는 '미친'의 뜻이에요. / I'm thinking about going skydiving. 스카이다이빙을 할까 생각 중이에요. - Are you nuts? 당신 미쳤어요?

491. You're so pathetic.

pathetic은 '한심한'의 뜻이에요. / I got lost even with the GPS guiding me. 네비가 안내했는데도 길을 잃어버렸어요. - You're so pathetic. 참 한심하네요.

492. How dare you!

상대방의 행동이나 말이 용납되지 않을 때 분노하며 쓰는 표현이에요. / You stole my idea! 당신이 내 아이디어를 훔쳤어요! - How dare you! 어딜 감히!

Chapter 09 감정 표현

493 암기체크 ① ② ③ ④ ⑤

말 조심해요!

494 암기체크 ① ② ③ ④ ⑤

흥분돼요.

495 암기체크 ① ② ③ ④ ⑤

기뻐요.

496 암기체크 ① ② ③ ④ ⑤

무서워요.

497 암기체크 ① ② ③ ④ ⑤

속상해요.

498 암기체크 ① ② ③ ④ ⑤

안심돼요.

표현 493-498

Watch your mouth!

직역하면 '입을 지켜보세요.'예요. / Don't talk like that. Watch your mouth! 그런 식으로 말하지 말아요. 말 조심해요! - I apologize. 사과드립니다.

I'm excited.

excite는 동사로 '흥분시키다'예요. I'm excited. 흥분돼요. / The game is exciting. 그 게임은 흥미로워요.

I'm delighted.

delighted는 '기뻐하는'의 뜻이에요. / I'm delighted with this gift. 이 선물 때문에 기뻐요. - I'm glad you like it. 마음에 들어하시니 좋네요.

I'm scared.

scared는 '무서워하는'의 뜻이에요. / I heard a strange noise. I'm scared. 이상한 소리를 들었어요. 무서워요. - Stay calm. 진정해요.

I'm upset.

upset은 '속상한'의 뜻이에요. / Is everything okay? 괜찮아요? - No, I'm upset because I lost my wallet. 아뇨, 속상해요. 지갑을 잃어버렸어요.

I'm relieved.

relieved는 '안도하는'의 뜻이에요. / I found my wallet. I'm relieved. 잃어버린 지갑을 찾았어요. 안심돼요. - That's great news! 좋은 소식이네요!

Chapter 09 감정 표현

암기체크 ✓ ① ② ③ ④ ⑤

감동했어요.

암기체크 ✓ ① ② ③ ④ ⑤

외로워요.

암기체크 ✓ ① ② ③ ④ ⑤

스트레스 받아요.

암기체크 ✓ ① ② ③ ④ ⑤

실망했어요.

암기체크 ✓ ① ② ③ ④ ⑤

답답해요.

암기체크 ✓ ① ② ③ ④ ⑤

창피해요.

표현 499-504

499 I'm moved.

move는 동사로 '감동시키다'의 뜻이에요. I'm moved. 감동했어요. / The movie is moving. 그 영화는 감동적이에요.

500 I'm lonely.

lonely는 '외로운, 쓸쓸한'의 뜻이에요. / I'm lonely. 외로워요. - You're not alone. I'm here with you. 당신은 혼자가 아니에요. 당신 옆에 제가 있어요.

501 I'm stressed.

stressed는 '스트레스를 받는'의 뜻이에요. / I have so much to do. I'm stressed. 할 게 너무 많아요. 스트레스 받아요. - I understand. 이해해요.

502 I'm disappointed.

disappointed는 '실망한, 낙담한'의 뜻이에요. / The concert got canceled. 콘서트가 취소됐어요. - I'm disappointed. 실망했어요.

503 I'm frustrated.

frustrated는 '좌절감을 느끼는'이에요. / I can't find my phone. I'm frustrated. 전화기를 찾을 수 없어요. 답답해요. - Take a deep breath. 숨을 깊게 들이마셔요.

504 I'm embarrassed.

embarrassed는 '어색한, 당황스러운'의 뜻이에요. / I made a mistake. I'm embarrassed. 제가 실수했어요. 창피해요. - It's okay. 괜찮아요.

Chapter 09 감정 표현

505 암기체크 ① ② ③ ④ ⑤

말문이 막혀요.

506 암기체크 ① ② ③ ④ ⑤

당신이 자랑스러워요.

507 암기체크 ① ② ③ ④ ⑤

당신이 부러워요.

508 암기체크 ① ② ③ ④ ⑤

그거에 만족해요.

509 암기체크 ① ② ③ ④ ⑤

이거에 질렸어요.

510 암기체크 ① ② ③ ④ ⑤

기분이 좋아요.

표현 505-510

505 I'm speechless.

너무 놀라서, 너무 황당해서, 너무 기뻐서 말이 나오지 않을 때 써요. / I'm speechless. I don't know what to say. 말문이 막혀요. 무슨 말을 할 지 모르겠어요.

506 I'm proud of you.

be proud of는 '~을 자랑스러워하다'예요. / I graduated from college. 대학을 졸업했어요. - Congratulations! I'm proud of you. 축하해요! 당신이 자랑스러워요.

507 I'm jealous of you.

요즘은 I envy you.보다는 I'm jealous of you.를 자주 써요. / You have such a beautiful home. I'm jealous of you. 집이 참 아름답네요. 당신이 부러워요.

508 I'm happy with it.

be happy with는 '~에 만족하다'의 뜻이에요. / I bought a new dress. I'm happy with it. 새 드레스를 샀어요. 그거에 만족해요. - That's great. 잘됐네요.

509 I'm sick of this.

be sick of는 '~에 넌더리가 나다, 질리다'의 뜻이에요. / I can't believe it's still raining. I'm sick of this. 아직도 비가 온다는 게 믿기질 않아요. 이거에 질렸어요.

510 I feel good.

feel good은 '마음의 상태가 좋음'을, feel well은 '몸의 상태가 좋음'를 나타내요. / How are you today? 오늘 어때요? - I feel good. 기분이 좋아요.

Chapter 09 감정 표현

511 암기체크 ① ② ③ ④ ⑤

마음이 편치 않아요.

512 암기체크 ① ② ③ ④ ⑤

불안해요.

513 암기체크 ① ② ③ ④ ⑤

우울해요.

514 암기체크 ① ② ③ ④ ⑤

사랑스럽네요.

515 암기체크 ① ② ③ ④ ⑤

웃기네요.

516 암기체크 ① ② ③ ④ ⑤

짜증나네요.

표현 511-516

511 I feel bad.

feel bad는 후회가 되거나, 안타깝다고 느낄 때 주로 써요. / I didn't call you back yesterday. I feel bad. 어제 전화를 다시 못했네요. 마음이 편치 않아요.

512 I feel anxious.

anxious는 '불안한, 걱정하는'의 뜻이에요. / I feel anxious about the exam. 시험 때문에 불안해요. - I understand. 이해해요.

513 I feel down.

down이 형용사로 쓰이면 '우울한'의 뜻이에요. / I had a rough day. I feel down. 힘든 하루였어요. 우울해요. - I'm here for you. 제가 여기 있잖아요.

514 That's adorable.

adorable과 비슷한 뜻으로 lovely가 있어요. / My daughter just said her first word. 제 딸이 방금 첫마디를 했어요. - That's adorable. 사랑스럽네요.

515 That's funny.

funny는 '웃기는', fun은 '재미있는'의 뜻이에요. / I slipped on a banana peel. 바나나 껍질에 미끌어졌어요. - That's funny. 웃기네요.

516 That's annoying.

annoying은 '짜증스러운, 성가신'의 뜻이에요. / The train is delayed again. 열차가 또 지연되었어요. - Seriously? That's annoying. 정말요? 짜증나네요.

Chapter 09 감정 표현

517 암기체크 ① ② ③ ④ ⑤

징그러워요.

518 암기체크 ① ② ③ ④ ⑤

불공평해요.

519 암기체크 ① ② ③ ④ ⑤

안됐네요.

520 암기체크 ① ② ③ ④ ⑤

너무하네요.

521 암기체크 ① ② ③ ④ ⑤

큰일 날 뻔했어요.

522 암기체크 ① ② ③ ④ ⑤

당신이 최고예요!

표현 517-522

517 That's gross.

gross는 '역겨운'의 뜻이에요. / I saw a cockroach. 바퀴벌레를 봤어요. - Yuck! That's gross. 웩! 징그러워요.

518 That's not fair.

fair는 '공평한'의 뜻이에요. / You're giving them more time. That's not fair. 그들에게 시간을 더 주잖아요. 불공평해요.

519 That's too bad.

좋지 않은 상황에 처한 사람을 위로할 때 쓰는 표현이에요. / The tickets are already sold out. 표는 벌써 매진되었어요. - Oh, that's too bad. 오, 안됐네요.

520 That's too much.

적정한 수준을 넘어서는 지나친 일을 표현할 때 써요. / I have to work overtime every day. 매일 야근을 해야 해요. - That's too much. 지나치네요.

521 That was close.

어떤 상황에 가깝게 갔지만 실제로는 이뤄지지 않았다는 뜻이에요. / The car almost hit us! 그 차가 우리를 칠 뻔 했어요. - That was close. 큰일 날 뻔했어요.

522 You rock!

You rock!은 You're the best!와 같은 뜻의 표현이에요. / Thank you for helping me. You rock! 절 도와주셔서 감사해요. 당신이 최고예요!

Chapter 09 감정 표현

523 암기체크 ① ② ③ ④ ⑤

해내셨군요!

524 암기체크 ① ② ③ ④ ⑤

당신은 그럴 자격이 있어요.

525 암기체크 ① ② ③ ④ ⑤

덕분에 하루가 행복했어요.

526 암기체크 ① ② ③ ④ ⑤

제가 다 망쳤어요.

527 암기체크 ① ② ③ ④ ⑤

후회해요.

528 암기체크 ① ② ③ ④ ⑤

기겁했어요.

표현 523-528

523 You did it!

힘든 일을 이뤄낸 사람에게 격려하는 표현이에요. / I climbed to the top of the mountain. 산 정상에 올랐어요. - Amazing! You did it! 대단해요! 해내셨군요!

524 You deserve it.

deserve는 '~할 만하다'의 뜻이에요. / I got promoted at work. 직장에서 승진했어요. - Fantastic news! You deserve it. 멋진 소식이네요! 당신은 그럴 자격이 있어요.

525 You made my day!

상대방이 베푼 친절로 나의 하루가 행복해졌을 때 써요. / Thank you. You made my day. 고마워요. 덕분에 하루가 행복했어요. - You're welcome. 별말씀을요.

526 I blew it.

blew는 blow의 과거형으로 '실수하다'의 뜻이에요. / Did you win the game? 경기 이겼어요? - I blew it. 제가 다 망쳤어요.

527 I regret it.

regret은 '후회하다'란 뜻이에요. / I regret it. 후회해요. - It's okay. We all make mistakes. 괜찮아요. 우리는 모두 실수를 해요.

528 I freaked out.

freak out은 '깜짝 놀라다', '크게 겁을 먹다'의 뜻이에요. / Did something scare you? 뭐가 무서웠나요? - Yeah, I freaked out. 네, 기겁했어요.

Chapter 09 감정 표현

529 암기체크 ① ② ③ ④ ⑤

더 이상 못 참겠어요.

530 암기체크 ① ② ③ ④ ⑤

속이 울렁거려요.

531 암기체크 ① ② ③ ④ ⑤

힘든 시간을 보냈어요.

532 암기체크 ① ② ③ ④ ⑤

만감이 교차해요.

533 암기체크 ① ② ③ ④ ⑤

세월이 약이에요.

534 암기체크 ① ② ③ ④ ⑤

그런게 인생이죠.

표현 529-534

I've had it!

I have had it.의 줄임표현으로 무언가를 더는 견디기 힘들 때 써요. / I've had it! 더 이상 못 참겠어요! - Let's find a solution together. 같이 해결책을 찾아봐요.

I have butterflies.

I have butterflies in my stomach.의 줄임표현이에요. 긴장해서 속이 울렁거리는 느낌을 뱃 속에 나비가 있는 것으로 비유한 표현이에요.

I had a hard time.

have에는 '경험하다'의 뜻이 있어요. / How was your day at work? 직장에서의 하루는 어땠어요? - I had a hard time. 힘든 시간을 보냈어요.

I have mixed feelings.

mixed feelings는 이런저런 감정이 뒤섞인 상황을 나타내요. / Are you happy with the outcome? 결과에 만족하세요? - I have mixed feelings. 만감이 교차해요.

Time heals.

heal은 '치유되다, 낫다'의 뜻이에요. / I'm feeling down right now. 지금 기분이 우울해요. - Hang in there! Time heals. 조금만 견뎌요! 세월이 약이에요.

That's life.

직역하면 '그것이 삶이다.'인데, 주로 좋지 않은 일이 생겼을 때 써요. / We win some, we lose some. That's life. 때론 이기고, 때론 지고. 그런게 인생이죠.

Chapter 09 감정 표현

535 암기체크 ① ② ③ ④ ⑤

왜 시무룩해요?

536 암기체크 ① ② ③ ④ ⑤

그걸 보고 울었어요.

537 암기체크 ① ② ③ ④ ⑤

그때가 그립네요.

538 암기체크 ① ② ③ ④ ⑤

추억을 떠올리게 하네요.

539 암기체크 ① ② ③ ④ ⑤

욕하지 마세요.

540 암기체크 ① ② ③ ④ ⑤

당신 일에나 신경쓰세요.

표현 535-540

535. Why the long face?

long face는 힘이 없어 축 쳐진 얼굴을 의미해요. / Why the long face? 왜 시무룩해요? - I'm just feeling stressed out. 그냥 스트레스를 받고 있어요.

536. It made me cry.

직역하면 '그것이 나를 울게 만들었다.'예요. / That movie was so touching. 그 영화는 정말 감동적이었어요. - It made me cry. 그걸 보고 울었어요.

537. Those were the days.

Those were the good old days.의 줄임표현이에요. / Life was so carefree back then. Those were the days. 그때는 삶에 아무 걱정 없었는데. 그때가 그립네요.

538. It brings back memories.

This song reminds me of our high school days. 이 노래를 들으면 고등학교 때가 생각나요. - It brings back memories. 추억을 떠올리게 하네요.

539. Don't call me names.

call ... names는 '~을 욕하다'란 뜻이에요. / You're such an idiot! 당신은 정말 바보예요! - Hey, don't call me names. 이봐요, 욕하지 마세요.

540. Mind your own business.

mind는 동사로 '신경 쓰다'의 뜻이에요. / You should change your hairstyle. 헤어스타일을 바꾸세요. - Mind your own business. 당신 일에나 신경 쓰세요.

Chapter 10 여행 표현

암기체크 ① ② ③ ④ ⑤

지나가도 될까요?

암기체크 ① ② ③ ④ ⑤

여기 제 자리인 것 같아요.

암기체크 ① ② ③ ④ ⑤

자리 좀 바꿀 수 있을까요?

암기체크 ① ② ③ ④ ⑤

맥주 있나요?

암기체크 ① ② ③ ④ ⑤

관광으로요.

암기체크 ① ② ③ ④ ⑤

저는 소프트웨어 엔지니어예요.

표현 541-546

Can I get by?

비슷한 표현으로 Can I get through?, Can I go through?가 있어요. / Excuse me. Can I get by? 실례합니다. 지나가도 될까요? - Sure, go ahead. 네, 그러세요.

I think this is my seat.

I think this is my seat. 여기 제 자리인 것 같아요. - Oh, sorry. My mistake. 오, 죄송합니다. 실수했네요.

Can we change seats?

비슷한 표현으로 Can we switch seats?가 있어요. / Can we change seats? 자리 좀 바꿀 수 있을까요? - Sure, no problem. 물론이죠. 괜찮습니다.

Do you have beer?

Would you like something to drink? 마실 것 좀 드릴까요? - Do you have beer? 맥주 있나요?

Sightseeing.

'사업'이 방문 목적이라고 할 때는 Business.를 쓰면 돼요. / What's the purpose of your visit? 방문 목적이 무엇인가요? - Sightseeing. 관광입니다.

I'm a software engineer.

What's your occupation? 직업이 뭔가요? - I'm a software engineer. 저는 소프트웨어 엔지니어입니다.

Chapter 10 여행 표현

암기체크 ✓ ① ② ③ ④ ⑤

첫 방문입니다.

암기체크 ✓ ① ② ③ ④ ⑤

5일 동안요.

암기체크 ✓ ① ② ③ ④ ⑤

그거 제 꺼 같은데요.

암기체크 ✓ ① ② ③ ④ ⑤

가방을 찾을 수가 없어요.

암기체크 ✓ ① ② ③ ④ ⑤

여기 제 수하물 보관증이에요.

암기체크 ✓ ① ② ③ ④ ⑤

카트가 어디 있나요?

표현 547-552

547 It's my first visit.

Is this your first visit to the US? 미국에는 이번이 첫 방문이신가요? - Yes, it's my first visit. 네, 첫 방문입니다.

548 For five days.

How long are you staying? 얼마나 머무실 건가요? - For five days. 5일 동안요.

549 I think that's mine.

I think that's mine. 그거 제 꺼 같은데요. - I'm so sorry for taking your bag. 당신 가방을 가져가서 정말 죄송해요.

550 I can't find my bags.

Excuse me. I can't find my bags. 실례합니다. 제 가방을 못 찾겠어요. - Don't worry. Let me check the system. 걱정마세요. 시스템을 확인해 볼게요.

551 This is my claim check.

This is my claim check. 여기 제 수하물 보관증이에요. - Okay, we'll track down your baggage. 네, 저희가 당신 짐을 추적해 보겠습니다.

552 Where can I get a cart?

Excuse me, where can I get a cart? 실례합니다. 카트가 어디 있나요? - There's a cart station over there. 저기에 카트 모아둔 곳이 있어요.

Chapter 10 여행 표현

553 암기체크 ① ② ③ ④ ⑤

일찍 체크인 할 수 있나요?

554 암기체크 ① ② ③ ④ ⑤

제 가방 좀 보관해 주시겠어요?

555 암기체크 ① ② ③ ④ ⑤

존 스미스 이름으로 예약했습니다.

556 암기체크 ① ② ③ ④ ⑤

체크아웃이 몇 시죠?

557 암기체크 ① ② ③ ④ ⑤

아침식사는 어디서 하나요?

558 암기체크 ① ② ③ ④ ⑤

7시에 모닝콜 해주세요.

표현 553-558

553. Can I check in early?

Can I check in early? 일찍 체크인 할 수 있나요? - Yes, we have a room ready for you. 네, 방이 준비되었습니다.

554. Can you store my bags?

Can you store my bags? 제 가방 좀 보관해 주시겠어요? - Of course, we offer a baggage storage service. 물론이죠. 저희는 가방 보관 서비스를 제공합니다.

555. I have a reservation under John Smith.

reservation은 '예약'의 뜻이에요. / I have a reservation under John Smith. 존 스미스 이름으로 예약했습니다. - Thank you, Mr. Smith. 감사합니다, 스미스 씨.

556. What time is checkout?

What time is checkout? 체크아웃이 몇 시죠? - Checkout is at 11 a.m. 체크아웃은 오전 11시입니다.

557. Where is breakfast served?

serve는 '(음식을) 제공하다'의 뜻이에요. / Where is breakfast served? 아침식사는 어디서 하나요? - Breakfast is served on the second floor. 2층에서 제공됩니다.

558. I'd like a wake-up call at 7.

morning call은 잘 쓰지 않는 표현이에요. / I'd like a wake-up call at 7, please. 7시에 모닝콜 해주세요. - Of course. 물론입니다.

Chapter 10 여행 표현

559 암기체크 ① ② ③ ④ ⑤

제 방으로 청구해 주실래요?

560 암기체크 ① ② ③ ④ ⑤

제 방 번호는 1510입니다.

561 암기체크 ① ② ③ ④ ⑤

뜨거운 물이 나오지 않아요.

562 암기체크 ① ② ③ ④ ⑤

에어컨이 안 돼요.

563 암기체크 ① ② ③ ④ ⑤

수건을 더 받을 수 있을까요?

564 암기체크 ① ② ③ ④ ⑤

체크아웃하고 싶습니다.

표현 559-564

559 Can you charge it to my room?

charge는 '청구하다'의 뜻이에요. / Can you charge it to my room? 제 방으로 청구해 주실래요? - May I have your name? 성함 좀 부탁드립니다.

560 My room number is 1510.

1510은 보통 fifteen-ten으로 읽어요. / I need an extra pillow. My room number is 1510. 여분의 베개가 필요합니다. 제 방 번호는 1510이에요.

561 There's no hot water.

There's no hot water. 뜨거운 물이 나오지 않아요. - I'm sorry for the inconvenience. 불편 드려 죄송합니다.

562 The A/C isn't working.

work은 '작동하다'란 뜻이에요. / The A/C isn't working. 에어컨이 안 돼요. - I apologize for the inconvenience. 불편 드린 점 사과드립니다.

563 Can I get more towels?

Can I get more towels? 수건을 더 받을 수 있을까요? - Certainly. I'll bring them right away. 물론이죠. 바로 가져다 드리겠습니다.

564 I'd like to check out.

I'd like to check out. 체크아웃하고 싶습니다. - No problem. I'll take care of your check-out right away. 그럼요. 바로 체크아웃을 처리해드리겠습니다.

Chapter 10 여행 표현

암기체크 ✓ ① ② ③ ④ ⑤

두 사람 자리 있나요?

암기체크 ✓ ① ② ③ ④ ⑤

메뉴판 좀 볼 수 있을까요?

암기체크 ✓ ① ② ③ ④ ⑤

여기 뭐가 맛있어요?

암기체크 ✓ ① ② ③ ④ ⑤

매운 거 있나요?

암기체크 ✓ ① ② ③ ④ ⑤

이건 어떤 종류의 요리인가요?

암기체크 ✓ ① ② ③ ④ ⑤

현지 음식 있나요?

표현 565-570

565. Do you have a table for two?

Do you have a table for two? 두 사람 자리 있나요? - I'm sorry. We're fully booked. 죄송합니다. 예약이 모두 찼습니다.

566. Can I see the menu?

Can I see the menu? 메뉴판 좀 볼 수 있을까요? - Sure, here's the menu for you. 네, 여기 메뉴판입니다.

567. What's good here?

What's good here? 여기 뭐가 맛있어요? - Try the pizza. It's delicious. 피자를 드셔보세요. 맛있어요.

568. Do you have anything spicy?

Do you have anything spicy? 매운 거 있나요? - Certainly! We offer a variety of spicy dishes. 그럼요! 저희는 다양한 종류의 매운 요리를 제공합니다.

569. What kind of dish is this?

What kind of dish is this? 이건 어떤 종류의 요리인가요? - It's a popular seafood dish. 인기있는 해산물 요리입니다.

570. Do you have some local food?

Do you have some local food? 현지 음식 있나요? - Try our famous banh mi sandwiches. 저희의 유명한 반미 샌드위치를 드셔보세요.

Chapter 10 여행 표현

571 암기체크 ① ② ③ ④ ⑤

저희가 아직 결정 중이에요.

572 암기체크 ① ② ③ ④ ⑤

견과류 알레르기가 있어요.

573 암기체크 ① ② ③ ④ ⑤

이거랑 이거 먹을게요.

574 암기체크 ① ② ③ ④ ⑤

고수는 빼주세요.

575 암기체크 ① ② ③ ④ ⑤

치즈버거와 스프라이트 작은 거로 먹을게요.

576 암기체크 ① ② ③ ④ ⑤

아이스 라테 큰 거 한 잔 주시겠어요?

표현 571-576

571 We're still deciding.

Can I take your order? 주문하시겠어요? - We're still deciding. A few more minutes, please. 저희가 아직 결정 중이에요. 몇 분만 더 기다려 주세요.

572 I'm allergic to nuts.

allergic은 '알레르기가 있는'의 뜻이에요. / I'm allergic to nuts. 견과류 알레르기가 있어요. - Thank you for letting us know. 알려주셔서 감사합니다.

573 I'll have this and this.

I'll have this and this. 이거랑 이거 먹을게요. - Great choices! One burger and a Caesar salad. 선택 잘하셨어요! 버거 하나랑 시저 샐러드요.

574 No cilantro, please.

No cilantro.와 비슷한 뜻으로 Without cilantro., Hold the cilantro.가 있어요. / No cilantro, please. 고수는 빼주세요. - Absolutely. 물론이죠.

575 I'll have a cheeseburger and a small Sprite.

I'll have a cheeseburger and a small Sprite. 치즈버거와 스프라이트 작은 거로 먹을게요. - Noted. 알겠습니다.

576 Can I get a large iced latte?

Can I get a large iced latte? 아이스 라떼 한 잔 주시겠어요? - Can I get your name, sir? 손님, 성함이 어떻게 되시죠?

Chapter 10 여행 표현

577 암기체크 ① ② ③ ④ ⑤

여기서 먹을게요.

578 암기체크 ① ② ③ ④ ⑤

시럽만 넣어주세요.

579 암기체크 ① ② ③ ④ ⑤

계산서 주시겠어요?

580 암기체크 ① ② ③ ④ ⑤

제가 낼게요.

581 암기체크 ① ② ③ ④ ⑤

그냥 둘러보고 있어요.

582 암기체크 ① ② ③ ④ ⑤

이거 할인하나요?

표현 577-582

For here, please.

'포장할게요.'는 To go, please.예요. / For here or to go? 여기서 드실래요, 포장하실래요? - For here, please. 여기서 먹을게요.

Just syrup, please.

Would you like cream or syrup? 크림이나 시럽 넣어드릴까요? - Just syrup, please. 시럽만 넣어주세요.

Can I have the check?

have 대신 get을 쓸 수도 있어요. / Can I have the check? 계산서 주시겠어요? - Of course. I'll get it for you. 네, 가져다드릴게요.

It's on me.

on me는 '내 위에', 즉 내가 책임지겠다는 뜻으로 쓰인 거예요. / It's on me. 제가 낼게요. - Thanks. I'll pay next time. 고마워요. 다음엔 제가 낼게요.

I'm just looking around.

비슷한 뜻으로 I'm just browsing.을 쓰기도 해요. / How can I help you? 어떻게 도와드릴까요? - I'm just looking around. 그냥 둘러보고 있어요.

Is this on sale?

on sale은 '할인 중인'의 뜻이에요. / Is this on sale? 이거 할인하나요? - Yes, it's discounted by 20%. 네, 20% 할인해요.

Chapter 10 여행 표현

583 암기체크 ✓ ① ② ③ ④ ⑤
이거 파란색 있어요?

584 암기체크 ✓ ① ② ③ ④ ⑤
여기서 인기있는 게 뭐예요?

585 암기체크 ✓ ① ② ③ ④ ⑤
이거 입어 봐도 돼요?

586 암기체크 ✓ ① ② ③ ④ ⑤
옷 입어 보는 곳이 어디죠?

587 암기체크 ✓ ① ② ③ ④ ⑤
신용카드를 받나요?

588 암기체크 ✓ ① ② ③ ④ ⑤
영수증 주시겠어요?

표현 583-588

583 Do you have this in blue?

Do you have this in blue? 이거 파란색 있어요? - I'm sorry. We only have it in black. 죄송해요. 검은색 밖에 없어요.

584 What's popular here?

What's popular here? 여기서 인기있는 게 뭐예요? - Blue jeans are popular these days. 요즘은 청바지가 인기있어요.

585 Can I try this on?

try ... on은 '~을 입어보다'의 뜻이에요. / Can I try this on? 이거 입어 봐도 돼요? - Sure thing. Feel free to try it on. 물론이죠. 편하게 입어보세요.

586 Where's the fitting room?

Where's the fitting room? 옷 입어 보는 곳이 어디죠? - It's near the back of the store. 상점 뒤편 근처에 있어요.

587 Do you take credit cards?

Do you take credit cards? 신용 카드 받나요? - Yes, you can pay with a credit card. 네, 신용카드로 결제하실 수 있습니다.

588 Can I get a receipt?

receipt는 '영수증'이에요. p는 발음하지 않아요. / Can I get a receipt? 영수증 주시겠어요? - Of course. Here's your receipt. 물론이죠. 여기 영수증입니다.

Chapter 10 여행 표현

암기체크 ① ② ③ ④ ⑤

길 좀 물어봐도 될까요?

암기체크 ① ② ③ ④ ⑤

센트럴 파크를 찾고 있어요.

암기체크 ① ② ③ ④ ⑤

이 주소로 어떻게 가나요?

암기체크 ① ② ③ ④ ⑤

타임스퀘어로 가는 길이 맞나요?

암기체크 ① ② ③ ④ ⑤

우리 같이 셀카 찍어요.

암기체크 ① ② ③ ④ ⑤

당신과 사진 찍어도 될까요?

표현 589-594

589 Can I ask you for directions?

direction은 '방향'의 뜻이에요. / Can I ask you for directions? 길 좀 물어봐도 될까요? - Sure, what are you looking for? 그럼요. 무얼 찾으세요?

590 I'm trying to find Central Park.

I'm trying to ....는 '~하려 애쓰다.'의 뜻이에요. / I'm trying to find Central Park. 센트럴 파크를 찾고 있어요. - Just go right ahead. 그냥 쭉 앞으로 가세요.

591 How can I get to this address?

How can I get to this address? 이 주소로 어떻게 가나요? - You can take the bus number 10 from here. 여기서 10번 버스를 타시면 돼요.

592 Is this the right way to Times Square?

Is this the right way to Times Square? 타임스퀘어로 가는 길이 맞나요? - Yes, you're going in the right direction. 네, 맞는 방향으로 가고 계세요.

593 Let's take a selfie together.

'셀카'를 영어로는 selfie라고 해요. / Let's take a selfie together. 우리 같이 셀카 찍어요. - Great idea! 좋은 생각이에요!

594 Can I take a picture with you?

Can I take a picture with you? 당신과 사진 찍어도 될까요? - Sure, let's take a picture together. 그럼요, 같이 사진 찍어요.

Chapter 10 여행 표현

595 암기체크 ① ② ③ ④ ⑤
저희 사진 좀 찍어주실래요?

596 암기체크 ① ② ③ ④ ⑤
웃으세요.

597 암기체크 ① ② ③ ④ ⑤
도둑이에요!

598 암기체크 ① ② ③ ④ ⑤
그건 인종차별이에요!

599 암기체크 ① ② ③ ④ ⑤
경찰 불러주세요!

600 암기체크 ① ② ③ ④ ⑤
한국어 하는 분 계세요?

표현 595-600

595 Can you take a picture of us?

Can you take a picture of us? 저희 사진 좀 찍어주실래요? - Sure thing! Stand right there. 그럼요! 저기 서세요.

596 Give me a smile.

Give me a smile. It's picture time! 웃으세요. 찍습니다! - Cheese! 치즈!

597 Thief!

Help! Thief! 도와주세요! 도둑이에요! - Don't worry, I'll call security right away! 걱정마세요. 경비원을 바로 부를게요!

598 That's racist!

racist는 형용사로는 '인종 차별의', 명사로는 '인종 차별주의자'예요. / That's racist! 그건 인종차별이에요! - I'm sorry, I didn't realize. 죄송해요. 미처 몰랐어요.

599 Call the police!

police는 한 명이 아닌 여러 명의 '경찰'을 가리키는 말이에요. / Call the police! 경찰 불러주세요! - I'm dialing 911 right now! 지금 911에 전화 중이에요!

600 Can anyone speak Korean?

Can anyone speak Korean? 한국어 하는 분 계세요? - I can speak Korean. How can I help you? 제가 합니다. 어떻게 도와드릴까요?

Chapter 11 주제 표현

601
날씨가 참 좋네요, 그렇죠?

602
밖에 비가 와요.

603
정말 덥지 않아요?

604
일기예보가 어떤가요?

605
저는 아들 하나, 딸 하나 있어요.

606
저는 결혼해서 아이가 둘 있어요.

표현 601-606

601 It's a beautiful day, isn't it?

beautiful day의 반대표현은 terrible day예요. / It's a beautiful day, isn't it? - Yes, it really is. The weather is perfect. 맞아요, 정말 그래요. 날씨가 완벽하네요.

602 It's raining outside.

raining 비가 오는, snowing 눈이 오는, cloudy 구름 낀, windy 바람 부는, foggy 안개 낀 / It's raining outside. - I hope it stops soon. 곧 그쳤으면 좋겠어요.

603 It's so hot, isn't it?

hot 더운, warm 따뜻한, cool 시원한, chilly 쌀쌀한, cold 추운 / It's hot, isn't it? 정말 덥지 않아요? - Yes, it's quite hot today. 맞아요, 오늘 정말 덥네요.

604 What's the weather forecast?

weather forecast는 '일기예보'의 뜻이에요. / What's the weather forecast? - It's going to be sunny. 맑을 거래요.

605 I have a son and a daughter.

How many children do you have? 자녀가 몇이세요? - I have a son and a daughter. 저는 아들 하나, 딸 하나 있어요.

606 I'm married with two kids.

Are you married? 결혼하셨나요? - Yes, I'm married with two kids. 네, 저는 결혼해서 아이가 둘 있어요.

Chapter 11 주제 표현

607 암기체크 ① ② ③ ④ ⑤

우리는 사이가 좋아요.

608 암기체크 ① ② ③ ④ ⑤

저는 혼자 살아요.

609 암기체크 ① ② ③ ④ ⑤

저는 40대 초반이에요.

610 암기체크 ① ② ③ ④ ⑤

제가 몇 살처럼 보이나요?

611 암기체크 ① ② ③ ④ ⑤

나이는 숫자에 불과해요.

612 암기체크 ① ② ③ ④ ⑤

시간 참 빠르네요!

표현 607-612

607 We get along well.

get along well은 '잘 지내다'의 뜻이에요. / How's your relationship with your parents? 부모님과 사이는 어때요? - We get along well. 우리는 사이가 좋아요.

608 I live on my own.

on one's own은 '혼자서'의 뜻이에요. / Are you living with your family? 가족과 함께 사나요? - No, I live on my own. 저는 혼자 살아요.

609 I'm in my early 40s.

나이대를 말할 때 'in my [숫자의 복수형]'을 써요. in my late 60s 60대 후반에 / How old are you? 몇 살이세요? - I'm in my early 40s. 저는 40대 초반이에요.

610 How old do I look?

How old do I look? 제가 몇 살처럼 보이나요? - You look like you're in your 50s. 50대로 보여요.

611 Age is just a number.

I can't believe I'm turning 70 soon. 곧 70세가 된다는 게 믿기지 않아요. - Age is just a number. 나이는 숫자에 불과해요.

612 Time flies!

Our children have grown up so quickly. 아이들이 정말 빨리 자랐어요. - Time flies! 시간 참 빠르네요!

Chapter 11 주제 표현

613 암기체크 ① ② ③ ④ ⑤

식당에서 일해요.

614 암기체크 ① ② ③ ④ ⑤

시간제로 일해요.

615 암기체크 ① ② ③ ④ ⑤

재택근무를 해요.

616 암기체크 ① ② ③ ④ ⑤

투잡을 해요.

617 암기체크 ① ② ③ ④ ⑤

그는 어떤 사람인가요?

618 암기체크 ① ② ③ ④ ⑤

그녀는 정말 멋져요.

표현 613-618

613 I work at a restaurant.

work in sales 영업부에서 일하다, work as a nurse 간호사로 일하다 / What do you do? 무슨 일 하세요? - I work at a restaurant. 식당에서 일해요.

614 I work part-time.

시간제로 일하는 것을 '아르바이트'라 하지 않아요. / Do you have a job? 일하세요? - Yes, I work part-time at a bookstore. 네, 서점에서 시간제로 일해요.

615 I work from home.

How do you usually commute? 보통 출퇴근을 어떻게 하세요? - I don't have to. I work from home. 그럴 필요없어요. 재택근무를 해요.

616 I work two jobs.

work two jobs 또는 have two jobs는 '투잡을 하다'의 뜻이에요. / What keeps you busy these days? 요즘 왜 그리 바쁘세요? - I work two jobs. 투잡을 해요.

617 What's he like?

What's ... like?은 상대방의 '성격'을 물을 때 주로 써요. / What's he like? 그는 어떤 사람인가요? - He's really outgoing. 정말 외향적이에요.

618 She's really nice.

Have you met Emma? 엠마를 만나 봤어요? - Yeah, she's really nice. 네, 그녀는 정말 멋져요.

Chapter 11 주제 표현

619 암기체크 ① ② ③ ④ ⑤

그는 조용한 편이에요.

620 암기체크 ① ② ③ ④ ⑤

그녀는 사교적인 사람이에요.

621 암기체크 ① ② ③ ④ ⑤

그는 어떻게 생겼나요?

622 암기체크 ① ② ③ ④ ⑤

그는 잘 생겼어요.

623 암기체크 ① ② ③ ④ ⑤

그녀는 눈이 갈색이에요.

624 암기체크 ① ② ③ ④ ⑤

그는 안경을 써요.

표현 619-624

619 He's kind of quiet.

Do you know John? 존 알아요? - Yeah, I do. He's kind of quiet. 네, 알아요. 그는 조용한 편이에요.

620 She's a people person.

She seems to get along with everyone. 그녀는 모든 사람들과 잘 지내는 것 같아요. - Yes, she's a people person. 네, 그녀는 사교적인 사람이에요.

621 What does he look like?

누군가의 '외모'를 물을 때 쓰는 표현이에요. / What does he look like? 그는 어떻게 생겼나요? - He's tall with short brown hair. 짧은 갈색 머리에 키가 커요.

622 He's good-looking.

good-looking은 남성과 여성 모두에 쓸 수 있어요. 반면 handsome은 주로 남성, beautiful은 주로 여성에 써요.

623 She has brown eyes.

한국사람들의 눈은 black eye(검은색 눈)이 아니고 brown eye(갈색 눈)이나 dark brown eye(짙은 갈색 눈)이에요.

624 He wears glasses.

wear a mask 마스크를 쓰다, wear a watch 시계를 차다, wear shoes 신발을 신다, wear a hat 모자를 쓰다, wear makeup 화장을 하다

Chapter 11 주제 표현

625 암기체크 ✓ ① ② ③ ④ ⑤
저는 항상 티셔츠를 입어요.

626 암기체크 ✓ ① ② ③ ④ ⑤
짧은 치마가 유행이에요.

627 암기체크 ✓ ① ② ③ ④ ⑤
이 바지는 좀 꽉 끼네요.

628 암기체크 ✓ ① ② ③ ④ ⑤
당신한테 잘 어울려요.

629 암기체크 ✓ ① ② ③ ④ ⑤
맛이 어때요?

630 암기체크 ✓ ① ② ③ ④ ⑤
이 음식은 정말 맛있네요!

표현 625-630

625. I wear T-shirts all the time.

What kind of clothes do you usually wear? 평소에 어떤 종류의 옷을 입나요? - I wear T-shirts all the time. 저는 항상 티셔츠를 입어요.

626. Short skirts are in style.

in style은 '유행하는', out of style은 '유행이 지난'의 뜻이에요. / Her clothes looked out of style. 그녀의 옷은 유행이 지나 보였다.

627. These pants are a little tight.

'바지'란 뜻의 pants는 한 벌도 항상 복수취급해요. / How do those pants fit? 그 바지는 치수가 맞나요? - These pants are a little tight. 이 바지는 좀 꽉 끼네요.

628. It looks good on you.

look good on은 '~와 잘 어울리다'의 뜻이에요. 비슷한 뜻으로 suit가 있어요. It looks good on you. = It suits you. 당신한테 잘 어울려요.

629. How does it taste?

taste는 명사로는 '맛', 동사로는 '맛이 나다'의 뜻이에요. / How does it taste? 맛이 어때요? - It's sweet and spicy. 매콤해요.

630. This food is delicious!

delicious는 '정말 맛있는'의 뜻이에요. 비슷한 표현으로 tasty, yummy, mouthwatering 등이 있어요.

Chapter 11 주제 표현

631 암기체크 ① ② ③ ④ ⑤

식욕이 없어요.

632 암기체크 ① ② ③ ④ ⑤

저는 아무 거나 잘 먹어요.

633 암기체크 ① ② ③ ④ ⑤

당신은 취미가 뭔가요?

634 암기체크 ① ② ③ ④ ⑤

저는 스쿠버 다이빙을 즐겨요.

635 암기체크 ① ② ③ ④ ⑤

새로 생긴 카페에서 놀아요.

636 암기체크 ① ② ③ ④ ⑤

저는 여가 시간에 캠핑을 가요.

표현 631-636

631 I have no appetite.

appetite는 '식욕'의 뜻이에요. / I'm not really hungry. I have no appetite at the moment. 별로 배고프지 않아요. 지금은 식욕이 없어요.

632 I'm not a picky eater.

picky eater 식성이 까다로운 사람 / Are you particular about food? 식성이 까다롭나요? - Not at all. I'm not a picky eater. 전혀요. 저는 아무 거나 잘 먹어요.

633 What do you do for fun?

취미를 물을 때 What's your hobby?보다는 What do you do for fun?, What do you do in your free time., What do you like to do? 등을 써요.

634 I enjoy scuba diving.

'스킨 스쿠버'는 잘못된 표현이에요. / What do you do for fun? 당신은 취미가 뭔가요? - I enjoy scuba diving. 저는 스쿠버 다이빙을 즐겨요.

635 Let's hang out at the new café.

'놀다'의 뜻으로 아이들은 play를 쓰지만, 어른들은 주로 '시간을 보내다'란 뜻의 hang out을 사용해요.

636 I go camping in my free time.

go camping 캠핑을 가다, go fishing 낚시하러 가다, go hiking 등산하러 가다, go skiing 스키타러 가다, go shopping 쇼핑하러 가다

Chapter 11 주제 표현

암기체크 ① ② ③ ④ ⑤

저는 스테판 커리의 열렬한 팬이에요.

암기체크 ① ② ③ ④ ⑤

저는 항상 리버풀을 응원해요.

암기체크 ① ② ③ ④ ⑤

그들은 어젯밤에 다저스를 이겼어요.

암기체크 ① ② ③ ④ ⑤

그들이 우승할 거예요.

암기체크 ① ② ③ ④ ⑤

영화 보러 가요.

암기체크 ① ② ③ ④ ⑤

어떤 종류의 영화를 좋아하세요?

표현 637-642

637. I'm a big fan of Stephen Curry.

Who's your favorite basketball player? 좋아하는 농구선수가 누구에요? - I'm a big fan of Stephen Curry. 저는 스테판 커리의 열렬한 팬이에요.

638. I always root for Liverpool.

root for는 '응원하다'의 뜻이에요. / Which soccer team do you support? 어느 축구팀을 응원하세요? - I always root for Liverpool. 저는 항상 리버풀을 응원해요.

639. They beat the Dodgers last night.

상대를 꺾고 이기는 것에는 beat, 경기를 이기는 것에는 win을 주로 써요. beat the team 팀을 이기다 / win the race 경주를 이기다

640. They'll win the champinonship.

win the championship 우승하다 / Who will win the championship this year? 올해 누가 우승할까요? - They'll win the championship. 그들이 우승할 거예요.

641. Let's go to the movies.

'영화 보러 가다'는 go to the movies, go see a movie, watch a movie, catch a flick 등 다양한 표현을 쓸 수 있어요.

642. What kind of movies do you like?

What kind of movies do you like? 어떤 종류의 영화를 좋아하세요? - I really like romantic comedies. 저는 로맨틱 코미디를 정말 좋아해요.

Chapter 11 주제 표현

643
저는 공포영화를 좋아해요.

644
제가 좋아하는 배우는 성룡이에요.

645
예전엔 힙합을 좋아했어요.

646
클래식 음악 듣는 걸 좋아해요.

647
이 노래는 최고예요.

648
이 노래는 가사가 정말 좋아요.

표현 643-648

643 I like horror movies.

horror movie 공포 영화, action movie 액션 영화, comedy movie 코미디 영화, animated movie 만화 영화, science-ficion movie 공상과학 영화

644 My favorite actor is Jackie Chan.

Who's your favorite actor? 좋아하는 배우가 누구예요? - My favorite actor is Jackie Chan. 제가 좋아하는 배우는 성룡이에요.

645 I used to like hip-hop.

hip-hop 힙합, pop 팝, rock 록, jazz 재즈, electronic 전자음악 / I used to like hip-hop, but now I prefer rock. 예전엔 힙합을 좋아했지만 지금은 록을 더 좋아해요.

646 I love listening to classical music.

우리가 '클래식'이라 부르는 '고전음악'은 classical music이라고 해요. / Before going to bed, I love listening to classical music. 잠들기 전에 클래식 음악 듣는 걸 좋아해요.

647 This song is the best.

... is the best.는 '~는 최고예요.'의 뜻으로 써요. / This song is the best. 이 노래는 최고예요. - I totally agree. 전적으로 동의해요.

648 This song has great lyrics.

This song has great lyrics. 이 노래는 가사가 정말 좋아요. - I'll check it out. 한 번 들어볼게요.

Chapter 11 주제 표현

649 암기체크 ① ② ③ ④ ⑤

건배!

---

650 암기체크 ① ② ③ ④ ⑤

술 드세요?

---

651 암기체크 ① ② ③ ④ ⑤

저는 술을 마시지 않아요.

---

652 암기체크 ① ② ③ ④ ⑤

저는 와인보다 맥주를 더 좋아해요.

---

653 암기체크 ① ② ③ ④ ⑤

건강해 보이세요.

---

654 암기체크 ① ② ③ ④ ⑤

몸이 좋지 않아요.

표현 649-654

649 Cheers!

우리말 '원샷'을 영어로는 Bottoms up!이라고 해요. / Cheers! Here's to our friendship. 건배! 우리의 우정을 위하여. - Cheers! 건배!

650 Do you drink?

drink는 '(술을) 마시다'의 뜻이 있기 때문에 drink alcohol이라고 잘 하지 않아요. / Do you drink? 술 드세요? - Not really. 별로요.

651 I'm a non-drinker.

Would you like a glass of wine? 와인 한 잔 하시겠어요? - Thanks, but I'm a non-drinker. 고맙습니다만, 저는 술을 마시지 않아요.

652 I prefer beer over wine.

prefer A over B는 'B보다 A를 더 좋아하다'란 뜻이에요. / I prefer beer over wine when it comes to drinks. 술에 있어서는 저는 와인보다 맥주를 더 좋아해요.

653 You look healthy.

healthy는 '건강한'의 뜻이에요. / You look healthy. - Thanks. I'm taking care of myself. 고마워요. 건강에 신경쓰고 있어요.

654 I don't feel well.

비슷한 표현으로 I don't feel good.이 쓰여요. 이 표현은 '기분이 좋지 않다.'로는 잘 쓰지 않아요. / Are you okay? 괜찮아요? - I don't feel well. 몸이 좋지 않아요.

Chapter 11 주제 표현

655 암기체크 ① ② ③ ④ ⑤

빨리 나으세요.

---

656 암기체크 ① ② ③ ④ ⑤

병원에 가야겠어요.

---

657 암기체크 ① ② ③ ④ ⑤

공항까지 요금이 얼마인가요?

---

658 암기체크 ① ② ③ ④ ⑤

저는 주로 버스를 타요.

---

659 암기체크 ① ② ③ ④ ⑤

택시 잡아요.

---

660 암기체크 ① ② ③ ④ ⑤

음주 운전 하지 마세요.

표현 655-660

Get well soon.

well이 형용사로 쓰이면 '건강한'의 뜻이에요. / Get well soon. 빨리 나으세요. - Thanks. I'll keep that in mind. 고마워요. 명심할게요.

I need to see a doctor.

see a doctor 병원에 가다, see a dentist 치과에 가다, see an eye doctor 안과에 가다 / Is everything okay? 괜찮아요? - I need to see a doctor. 병원에 가야겠어요.

What's the fare to the airport?

fare는 '교통 요금'을 말해요. 참고로 '통행료'는 toll을 써요. / What's the fare to the airport? - The fare to the airport is $25. 공항까지 요금은 25달러입니다.

I usually take a bus.

take a bus 버스를 타다, take a taxi 택시를 타다, take a subway 지하철을 타다 / I usually take a bus to work. 저는 주로 버스를 타고 출근해요.

Let's grab a taxi.

grab는 '잡다'의 뜻이에요. grab a taxi 또는 catch a taxi는 '택시를 잡다'의 뜻이에요. / I'm running late. 저 늦었어요. - Let's grab a taxi. 택시 잡아요.

Don't drink and drive.

drink and drive는 '음주 운전하다'의 뜻이에요. / I'm planning on going to the bar. 술집에 갈 계획이에요. - Don't drink and drive. 음주 운전 하지 마세요.

225

Chapter 12 부사 표현

661 오래 전에 — 암기체크 ① ② ③ ④ ⑤

662 조금 전에 — 암기체크 ① ② ③ ④ ⑤

663 길 건너에 — 암기체크 ① ② ③ ④ ⑤

664 사실 — 암기체크 ① ② ③ ④ ⑤

665 갑자기 — 암기체크 ① ② ③ ④ ⑤

666 항상 — 암기체크 ① ② ③ ④ ⑤

표현 661-666

a long time ago

동화책의 시작으로 쓰이는 '옛날 옛적에'는 once upon a time이에요. / I learned to drive a long time ago. 저는 오래 전에 운전을 배웠어요.

a moment ago

비슷한 뜻으로 a minute ago, a second ago, a little while ago 등이 있어요. / He was here a moment ago. 그는 조금 전에 여기에 있었어요.

across the street

Across the street, there's a new coffee shop. 길 건너에 새로운 커피숍이 생겼어요.

actually

주로 했던 말과 반대되는 것을 말할 때 써요. 비슷한 표현으로 in fact가 있어요. / Actually, I don't like ice cream. 사실, 저는 아이스크림을 좋아하지 않아요.

all of a sudden

비슷한 표현으로 suddenly, out of nowhere가 있어요. / All of a sudden, the lights went out. 갑자기 불이 나갔어요.

all the time

always와 비슷한 뜻의 표현이에요. / They play online games all the time. 그들은 항상 온라인 게임을 해요.

Chapter 12 부사 표현

667 암기체크 ✓ ① ② ③ ④ ⑤

가능한 빨리

668 암기체크 ✓ ① ② ③ ④ ⑤

평소처럼

669 암기체크 ✓ ① ② ③ ④ ⑤

처음에는

670 암기체크 ✓ ① ② ③ ④ ⑤

마침내

671 암기체크 ✓ ① ② ③ ④ ⑤

그때

672 암기체크 ✓ ① ② ③ ④ ⑤

지금

표현 667-672

as soon as possible

줄임표현은 ASAP예요. / I'll get back to you as soon as possible. 가능한 한 빨리 연락드릴게요.

as usual

I went to bed at 11:30 as usual. 저는 평소처럼 11시 30분에 자러 갔어요.

at first

At first, the novel seemed boring. 처음에는 그 소설이 지루해 보였어요.

at last

비슷한 표현으로 finally가 있어요. / At last, the package arrived today. 마침내 그 소포가 오늘 도착했어요.

at that time

At that time, I was living in New York City. 그때 저는 뉴욕에 살고 있었어요.

at the moment

비슷한 표현으로 now가 있어요. / I'm busy at the moment. 저 지금 바빠요.

Chapter 12 부사 표현

673 동시에   암기체크 ✓ ① ② ③ ④ ⑤

674 당시에   암기체크 ✓ ① ② ③ ④ ⑤

675 택배로   암기체크 ✓ ① ② ③ ④ ⑤

676 실수로   암기체크 ✓ ① ② ③ ④ ⑤

677 그건 그렇고   암기체크 ✓ ① ② ③ ④ ⑤

678 생각해 보니   암기체크 ✓ ① ② ③ ④ ⑤

표현 673-678

at the same time

The movie was thrilling yet humorous at the same time. 그 영화는 스릴 넘쳤지만 동시에 유머러스하기도 했다.

back then

back in school 학창 시절에, back in college 대학 다닐 때 / Back then, there were no smartphones. 당시에 스마트폰이 없었어요.

by courier

courier는 '배달원'의 뜻이에요. / You can send it by courier. 그걸 택배로 보낼 수 있어요.

by mistake

I erased the file by mistake. 제가 실수로 파일을 지웠어요.

by the way

이 표현은 주로 화제를 전환할 때 써요. / By the way, what time is it? 그건 그렇고 지금 몇 시예요?

come to think of it

주로 갑자기 무언가를 깨달았을 때 써요. / Come to think of it, that makes sense. 그러고 보니 말이 되네요.

Chapter 12 부사 표현

679 암기체크 ✓ ① ② ③ ④ ⑤

밤낮으로

680 암기체크 ✓ ① ② ③ ④ ⑤

앞으로

681 암기체크 ✓ ① ② ③ ④ ⑤

평소보다 일찍

682 암기체크 ✓ ① ② ③ ④ ⑤

우선

683 암기체크 ✓ ① ② ③ ④ ⑤

가끔

684 암기체크 ✓ ① ② ③ ④ ⑤

오랫동안

표현 679-684

679 day and night

The city streets are busy day and night. 도시의 거리들은 밤낮으로 분주해요.

680 down the road

공간적으로는 '길 아래로', 시간적으로는 '앞으로'의 뜻으로 써요. / He'll be a good doctor down the road. 그는 앞으로 좋은 의사가 될 거예요.

681 earlier than usual

반대표현은 later than usual '평소보다 늦게'예요. / I woke up earlier than usual today. 저는 오늘 평소보다 일찍 일어났어요.

682 first of all

'순서'를 가리키는 표현이에요. / First of all, fill out the application. 우선 신청서를 작성하세요.

683 from time to time

비슷한 표현으로 sometimes, at times, every now and then 등이 있어요. / We meet up for coffee from time to time. 우리는 가끔 만나서 커피를 마셔요.

684 for a long time

We talked on the phone for a long time. 우리는 오랫동안 전화 통화를 했어요.

Chapter 12 부사 표현

685 암기체크 ① ② ③ ④ ⑤

잠시

686 암기체크 ① ② ③ ④ ⑤

무료로

687 암기체크 ① ② ③ ④ ⑤

재미로

688 암기체크 ① ② ③ ④ ⑤

처음으로

689 암기체크 ① ② ③ ④ ⑤

멀리서

690 암기체크 ① ② ③ ④ ⑤

이제부터

표현 685-690

for a moment

비슷한 표현으로 for a minute, for a second, for a shor time 등이 있어요. / Can I borrow your pen for a moment? 펜을 잠시 빌릴 수 있을까요?

for free

I downloaded the app for free. 저는 그 앱을 무료로 다운로드했어요.

for fun

We took a dance class for fun. 우리는 재미로 댄스 수업을 들었어요.

for the first time

I'll never forget the experience of trying durian for the first time. 처음으로 두리안을 먹었을 때의 경험을 결코 잊지 못할 거예요.

from a distance

I saw the fireworks from a distance. 저는 멀리서 불꽃놀이를 봤어요.

from now on

From now on, I'll be more careful. 이제부터 더 조심할게요.

Chapter 12 부사 표현

691 가능하면

692 곧

693 한마디로

694 게다가

695 미리

696 대체로

표현 691-696

691 if possible

Can you please pick up some groceries for me if possible? 가능하면 식료품 좀 사다 주시겠어요?

692 in a minute

비슷한 표현으로 soon, in a moment, in a little while, in no time, in a jiffy 등이 있어요. / I'll be back in a minute. 곧 돌아올게요.

693 in a word

비슷한 표현으로 in short, in brief, in a nutshell 등이 있어요. / In a word, he is a genius. 한마디로 그는 천재예요.

694 in addition

addition은 '추가'의 뜻이에요. / The hotel has a pool, and in addtion, a gym. 그 호텔에는 수영장이 있고, 게다가 헬스클럽도 있어요.

695 in advance

Let me know the date and time in advance. 미리 날짜와 시간을 알려주세요.

696 in general

Eating vegetables is healthy, in general. 대체로 채소를 먹는 것은 건강에 좋아요.

Chapter 12 부사 표현

697 암기체크 ✓ ① ② ③ ④ ⑤

다시 말해서

---

698 암기체크 ✓ ① ② ③ ④ ⑤

직접

---

699 암기체크 ✓ ① ② ③ ④ ⑤

결국

---

700 암기체크 ✓ ① ② ③ ④ ⑤

과거에

---

701 암기체크 ✓ ① ② ③ ④ ⑤

나중에

---

702 암기체크 ✓ ① ② ③ ④ ⑤

간단히 말해서

표현 697-702

697. in other words

The party was canceled, in other words, it didn't happen. 파티가 취소되었어요. 다시 말해서 열리지 않았어요.

698. in person

I've never met her in person. 저는 그녀를 직접 만난 적이 없어요.

699. in the end

비슷한 표현으로 in the long run이 있어요. / In the end, he chose his family over his career. 결국 그는 경력보다 가족을 선택했어요.

700. in the past

past는 '과거'를 뜻해요. / She used to be shy in the past, but now she's more outgoing. 과거에 그녀는 수줍음이 많았는데, 지금은 더 외향적이에요.

701. later on

They didn't get along at first, but later on, they became close friends. 그들은 처음에는 잘 지내지 못했는데, 나중에 친한 친구가 되었어요.

702. long story short

to make a long story short의 줄임표현이에요. / Long story short, I missed my flight. 간단히 말해서, 비행기를 놓쳤어요.

Chapter 12 부사 표현

703 암기체크 ✓ ① ② ③ ④ ⑤

오락가락

704 암기체크 ✓ ① ② ③ ④ ⑤

일부러

705 암기체크 ✓ ① ② ③ ④ ⑤

시간에 딱 맞춰서

706 암기체크 ✓ ① ② ③ ④ ⑤

그렇지 않으면

707 암기체크 ✓ ① ② ③ ④ ⑤

되풀이해서

708 암기체크 ✓ ① ② ③ ④ ⑤

주말에

표현 703-708

on and off

It rained on and off all day. 하루 종일 비가 오락가락했어요.

on purpose

purpose는 '목적, 의도'의 뜻이에요. / She ignored my text message on purpose. 그녀는 일부러 내 문자를 무시했어요.

on time

Please arrive on time for the meeting. 회의를 위해서 시간에 딱 맞춰서 도착해 주세요.

otherwise

Make sure to pack your umbrella. Otherwise, you might get caught in the rain. 우산 꼭 챙기세요. 그렇지 않으면, 비를 맞을 지도 몰라요.

over and over

비슷한 표현으로 again and again이 있어요. / She said it over and over. 그녀는 그것을 되풀이해서 말했어요.

over the weekend

비슷한 표현으로 on the weekend, duing the weekend 등이 있어요. / What are you doing over the weekend? 주말에 무엇을 할 건가요?

Chapter 12 부사 표현

709 암기체크✓ ① ② ③ ④ ⑤

정기적으로

710 암기체크✓ ① ② ③ ④ ⑤

바로

711 암기체크✓ ① ② ③ ④ ⑤

그 이후로

712 암기체크✓ ① ② ③ ④ ⑤

지금까지

713 암기체크✓ ① ② ③ ④ ⑤

조만간

714 암기체크✓ ① ② ③ ④ ⑤

엄밀히 말하면

표현 709-714

regularly

She visits her parents regularly to spend time with them. 그녀는 시간을 함께 보내려고 부모님을 정기적으로 방문해요.

right away

비슷한 표현으로 right now가 있어요. / I'll be there right away. 바로 갈게요.

since then

I haven't seen him since then. 그 이후로 그를 본 적이 없어요.

so far

So far, everything is going well. 지금까지 모든 것이 잘 되고 있어요.

sooner or later

They will get married sooner or later. 그들은 조만간 결혼할 거예요.

technically

Technically, this is not my house. 엄밀히 말하면, 여기는 제 집이 아니에요.

Chapter 12 부사 표현

715
며칠 전에

암기체크 ✓ ① ② ③ ④ ⑤

716
그런데 말이죠

암기체크 ✓ ① ② ③ ④ ⑤

717
요즘

암기체크 ✓ ① ② ③ ④ ⑤

718
솔직히

암기체크 ✓ ① ② ③ ④ ⑤

719
놀랍게도

암기체크 ✓ ① ② ③ ④ ⑤

720
어느 정도는

암기체크 ✓ ① ② ③ ④ ⑤

표현 715-720

the other day

I got a surprise gift the other day. 며칠 전에 깜짝 선물을 받았어요.

the thing is

주로 중요한 점을 강조하고 싶을 때 써요. / The thing is, it's too expensive. 그런데 말이죠, 그거 너무 비싸요.

these days

I'm doing fine these days. 저는 요즘 잘 지내고 있어요.

to be frank

비슷한 표현으로 to be honest가 있어요. / To be frank, I don't like him very much. 솔직히 저는 그를 별로 좋아하지 않아요.

to my surprise

To my surprise, they got married a month ago. 놀랍게도, 그들은 한 달 전에 결혼했어요.

to some degree

I like spicy food to some degree, but I can't handle extremely hot dishes. 저는 매운 음식을 어느 정도는 좋아하지만, 아주 매운 음식은 감당을 못해요.

MEMO

MEMO

묻지 말고, 따지지 말고, 무조건 외워야 할
영어표현 암기노트

지은이	지니쌤
디자인	이윤정
제작	류제양
펴낸이	진혜정
펴낸곳	서울특별시 양천구 목동중앙본로 22길 61 2층
	지니의 영어방송국
펴낸날	2023년 8월 1일 초판 제1쇄 발행
전화	010-3199-9496
이메일	englishcast@naver.com
홈페이지	https://www.joyclass.co.kr
등록번호	제1-68호
정가	17,800원
ISBN	979-11-964032-7-0

First Published
Copyright ⓒ 2023 by Jin Han

All rights reserved. No part of this publication may be reproduced, altered in a retrieval system, or transmitted in any form or by any means, electronic, mechanical, photocopying, recording, or otherwise, without the prior permission of the copyright owner.

* 본 교재의 독창적인 내용에 대한 일체의 무단 전재, 모방은 법률로 금지되어 있습니다.
* 파본은 교환해 드립니다.